웃음과 울음은
같은 성씨일까

글무렵 **이귀자** 수필집

웃음과 울음은 같은 성씨일까

수필과비평사

■ 추천하는 글 ■

고난으로 빚어낸 꿈 항아리

최재선(시인, 수필가)

글무렵 작가를 4년 전 강의실에서 만났다. 글쓰기와 관련한 리포트를 피드백하다가, 일반 만학도처럼 글 쓰는 게 젬병이라고 여겼다. 더욱이 시인으로 등단한 지 오래된 사람이 쓴 글이라고 보기에 여러모로 엉성한 게 많았다. 글쓰기와 관련하여.

수필가는 수필 문장을 쌓기 이전에 삶의 문장을 잘 구축해야 한다. 머리로 쓴 글은 자신이 잘난 맛에 멋을 부린다. 삶으로 쓴 글은 우선 진실이 스며 있다. 아픔은 아픔대로 웃음은 웃음대로, 베풂은 베풂대로, 절망은 절망대로 이대로(大路)의 큰길을 따라 작가의 진실이 독자의 가슴으로 흐른다.

글무렵 작가는 어두문학회에 와서 수필을 본격적으로 공부해 보라는 말을 붙잡고 글의 아궁이에 창작의 불씨를 열심히 지폈다. 글의 근력이 본디 있던 터라, 금방 글이 끓기 시작했다. 어느 인생이 삶의 질곡이 없겠는가. 글무렵 작가의 삶은 다른 인생에 비해 양지의 두께보다 음지의 평수가 더 넓다. 겉모습은 손가락 끝에 물 한 방울 묻히지 않고 살았을 성싶은데, 삶의 뒤란길에 누구보다도 많은 모퉁이가 존재한다. 어떻게 보면, 직선으로 뻗지 않은 삶의 각으로 인해 상처와 아픔을 겹겹이 가리고 살았는지 모른다.

해가 저물도록 애써도 저녁놀을 잡을 수 없는 게 우리 인생이다. 이런 줄 알면서도 사는 게 우리네 삶의 풍경이다. 문학을 하는 사람의 삶은 결코 이를 수 없는 어떤 것에 다가가는 과정이다. 문학은 삶의 실패자를 위한 것이다. 인생을 실패한 사람이 문학을 한다는 것이 아니다. 실패한 사람을 위해 문학이 존재한다는 것이다. 수필은 다른 문학 양식보다 이 명제의 삼이웃으로 산다. 수필가는 자신보다 못한 사람, 자신보다 약한 사람, 자신보다 어려운 사람에게 시선을 따스하게 둬야 한다. 이들과 함께할 때 수필의 이마가 빛난다.

글무렵 작가의 수필집에는 이런 시선과 손길이 곳곳에 배어 있다. 작가가 수필가로 등단하는 것을 꺼릴 때, 고난 속에서도 온기를 잃지 않는 삶에 주목했다. 작가가 살아온 삶이 곧 수필이라며 등단이라는 단상으로 밀어 올렸다. 글만 잘 부리는 글의 기술자가 되지 말고 삶을 잘 살아내는 삶의 경영자로 거듭나라는 응원이었다. 많은 사람이 작가로 등단하고 나면, 글쓰기를 멎거나 잊는다. 이와 달리 글무렵 작가는 늘 글 무렵에 머물며 창작의 끈을 놓지 말라는 필명대로 글을 열심히 쓰고 있다. 필명을 그저 멋 부리는 데 쓰지 않고 이름대로 정진하며 산다.

문학을 한다는 것은 우주와 세계를 감싸고 덮는 가슴을 익히는 것이다. 승자가 되려고 애면글면 밑바닥까지 보이지 않고 기품 있고 품격 있게 세상과 인간에게 지는 법을 익히는 것이다. 수필은 다른 문학 양식과 달리 자신이 사는 삶의 무늬와 결로 빚는다. 글무렵 작가는 숱한 고난과 시련 속에서도 자신의 손에 있는 것을 이웃에게 나눴다. 학문에 관한 궁기를 채우려고 이순 가까운 나이에 심리상담학과 신학을 공부하고 있다. 시인과 수필가로서 창작의 나태를 용납하지 않는다.

『웃음과 울음은 같은 성씨일까』라는 글무렵 작가의 작품집을 통해 독자 여러분의 삶이 봄날이기를. 가난하지만 풍족해지는 빕을 찾고 추억할 수 있는 것이 무엇인지 길을 열기를. 결핍과 부재에 좌절하며 넋을 잃지 말고 저마다의 삶을 사랑하기 바란다.

| 작가의 말 |

옷을 벗어버린 늙은 나무

교정에는 오래된 나무가 많다. 저마다 빛깔을 드러내며 물들고 있다. 넘어지지 않으려고 숨이 막혀 헐떡였을 마음을 누가 알까. 물든 모습은 척박한 흙 속을 헤치며 뿌리내리려 소금에 살을 데인 미꾸라지처럼 몸부림쳤을 것이다.

대견하다. 올해도 계절마다 고운 색의 옷을 입었다. 가까이 마주 서면 떨어져 나간 껍질에 진물이 나고 옹이로 덮였다. 너덜너덜해진 몸통 사이로 고요히 물 흐르는 소리가 난다. 지치지 않고 하늘 위로 높이 품어 올리는 의연한 물소리다. 후려치는 비바람, 추운 눈보라에 부러지지 않았다. 의지와 상관없이 뿌리내려야 하는 척박한 땅을 원망하지 않고 운명으로 받아들였다. 바다만한 하늘을 가슴에 안았다. 한올 한올 부끄러워하지 않고 옷을 벗는다. 아팠던 속살을 드러내는 상처 많은 나무를 사랑한다.

기쁜 날보다 슬픈 날이 많았다. 웃음 대신 울었던 날이 많았다. 스멀스멀 기어 나오는 눅눅하고 힘든 슬픈 감정의 골에 흙을 고르고 씨앗을 뿌렸다. 새싹이 나더니 잎이 나왔다. 꽃이 피고 열매도 맺을 것이다. 사람에게 위로받지 못할 상처와 마음의 병을 글을 쓰면서 치유했다. 아픈 상처는 남은 삶을 살아가는데 길잡이가 될 것이다.

나를 나답게 만들어 주신 하나님께 감사드린다. 가르침을 주신 스승님께 늦게 발견한 글 밭을 잘 가꾸고 아름답게 만들겠다고 말씀드려야겠다.

2025년 봄날에

목 차

2부

3부

4부

1부

사그랑주머니

달은 나무 사이에 걸려있고 어디선가 날 부르는 소리.

엄마가 영원히 내 곁을 떠난 밤에도 풀벌레는 서럽게 울었다. 귀뚜라미도 덩달아서, 달빛 스며드는 밤에는 세상 끝으로 온 것 같다. 나를 지켜주는 건 오로지 적막뿐, 끊어져 버린 밤을 이을 수 없어 뒤척인다. 그립고 아픈 기억이 떠올라 반닫이 옷장을 열었다. 깊숙한 곳에는 숨쉬는 것조차 잊고 살았을 빛바랜 주머니가 있다. 무심한 세월의 흔적인가 마주할 때면 가을밤처럼 홀로 운다.

엄마는 머리를 잘라주지 않았다. 미장원에 갔던 기억이 없다. 중학교에 입학하려고 처음으로 긴 머리를 잘랐다. 최초의 강렬함은 조각으로 남아있다. 매일 아침 머리를 손질하는 건 의식처럼 행해진다. 긴 세월만큼 길어진 머리는 앉으면 방바닥에 닿았다. 이런 머리를 빗기

려고 베개를 포개어 의자 삼는다.

나는 앞가슴에 두 팔을 모아 서로 빗댄다. 엄마는 세 갈래로 머리를 나누어 두 갈래를 내 손에 쥐어주었다. 그리고 한 가닥씩 땋아 내려가며 번갈아 양손에서 교차했다. 검고 윤이 나는 긴 머리를 새앙머리로 만든 후 끝에는 빨간 금박댕기를 달아주셨다. 빗질이 아프다고 눈과 입에 짜증을 달고 살았다.

머리끝에 매달린 댕기를 마지막으로 이마를 쓸어주신다. 그리고 흐뭇하게 당신의 눈 안에 사랑을 담아 딸을 바라본다. 어느 곳을 가더라도 한결같은 말, 예쁘다였다. 엄마가 얌전한 사람이라는 말이 귓가에 졸졸 따라다녔다. 그때는 긴 머리가 왜 그리 싫었을까.

다른 아이들처럼 냇가에서 혼자 머리를 감고 쓱쓱 빗고 싶었다. 예쁜 핀으로 요리조리 멋을 내는 아이들이 부러웠다. 머리털 한 가닥 흐트러지지 않았던 난 핀을 꽂아도 모양새가 나질 않았다. 머리에 꽃밭을 만들었으니 멋을 내는 건 그때나 지금이나 세월이 무색하다.

추석이나 설이 돌아오면 동네 아이들은 새로 산 옷을 입고 공터에 모였다. 엄마는 작아진 한복을 보며 흐뭇해했다. 키가 많이 자랐다고. 그리고 나를 데리고 남부시장 한복집으로 향했다. 색동저고리와 붉은 치마, 외씨버선에 색동 고무신을 신겨 주었다. 싫다 징징대도 그렇게 입어야 예쁜 거라 말한다.

보석을 박은 복주머니를 들고 길을 걷노라면 "아휴 예쁘다." 엄마가 얼마나 얌전하면 딸을 이렇게 곱게 키우냐며 한마디씩 한다. 이 소리가 그렇게 듣기 싫었던 이유는 무얼까. 엄마의 속마음을 알 수도 물어보지도 못했는데 나를 버려둔 채 떠나갔다.

고전무용 대회를 나가던 날 아이들은 새벽부터 미용실에 모였다. 연탄난로에 긴 집게 모양 인두로 머리의 숨을 죽인다. 검정 실뭉치를 길게 땋아서 만든 가짜 머리에 붉은 댕기를 둘렀다. 그리고 실핀을 덕지덕지 꽂아서 목덜미 위 뒤통수에 매달았다. 미용실 주인과 엄마들이 함께 모여서. 실 뭉텅이를 머리에 달고 있는 아이들은 책에서 보았던 오랑캐 모습 같았다.

엄마는 나의 머리를 여느 때보다 정성스럽게 땋아 멋지게 만들어주었다. 1등을 해서 대표로 상을 받았다. 무대 아래에는 물색 한복을 입은 엄마가 기품있게 앉아 계셨다. 상을 받아 내려오는 딸의 웃는 모습을 무심한 듯 바라보았다. 들꽃처럼 애잔한 향기를 가진 엄마 모습이 어제인 듯 흔들린다.

중학교에 입학하려면 단발을 해야 했다. 엄마와 미용실에 갔다. 10년 넘게 기른 머리다. 미용실에 있던 아줌마들의 개구리 합창 같았던 한마디, "아까워라 어쩐 다냐." 속이 없던 난 기쁨에 콧노래까지 나올 지경이었다. 곱게 땋아서 뭉텅이 진 굵은 머리채를 큰 가위가 붙잡아 싹둑, 동강 냈다. 오래된 옷을 벗어버린 듯 애써 웃음을 참았다. 눈웃음 짓는 나를 보며 혀 차는 소리가 들린다. "인물 다 잡아먹었네."

옷장 깊은 곳, 빛바랜 주머니 안에 동강 난 긴 머리채가 붉은 금박댕기를 두른 채 낡은 세월을 살아내고 있다.

2024. 10.

다시 듣고 싶은 노래

계절을 잃고 헤매는 흰나비, 젖은 날개를 퍼덕인다.

아중 호수는 새소리 닮은 햇살이 내려앉아 윤슬이 눈부시다. 바람이 부는 대로 몸을 맡긴 호수. 복숭앗빛 청춘을 지나 유모차를 밀며 정겹게 걷는 새내기 부부가 부럽다. 호수 중간, 나무 그네에 앉아 온몸으로 따뜻함을 안았다. 멀리서 노인들이 운동하는 모습이 보인다. 건강하게 살다 생을 마친다는 건 모두의 소망일 터.

잊히지 않는 기억 속 한 조각, 요양보호사 자격증을 취득하려 간호학원에 접수했다. 한 달 교육을 받은 후에 합격해 자격증이 나왔다. 학원에서 지정해주는 시설에서 2주 실습을 마쳐야 취업할 수 있다고. 함께 배정받은 몇 명의 교육생과 치매 노인이 입소해 있는 시설에 도착했다. 넓은 부지에 봄꽃이 만발하건만 꽃을 바라보는 사람은 아무도 없다. 간호사 한 명이 요양보호사 몇 명과 상주하고 있다. 우리가 할 일은 어르신들 시간에 맞추어 약을 먹이고 스스로 밥을 먹기 어려운 분은 손으로 떠서 먹여주는 일이다.

생각 없이 마주한 치매 병동은 말을 잃게 했다. 엘리베이터를 사이에 두고 오른편엔 중증 치매 노인 병동이 있다. 이곳에 있는 분은 움직이지 못한다. 종일 침대에 누워 초점 없이 천장만 바라보고 입을 오물거린다. 욕창이 생기지 않도록 가끔 자세를 바꾸어 주는 게 전부다. 이곳이 어느 곳이며 왜 있어야 하는지도 모른 채 그냥 누워 있다. 여기저기 앓는 소리와 함께 누군가의 이름을 계속 애절하게 부른다. 찰나에 정신이 돌아오면 기억 저편에 남아있는 알 수 없는 언어를 끄집어낸다. 들어주는 이 없는.

로비 앞 낡은 소파에는 친구처럼 보이는 세 분이 앉아서 담소를 즐긴다. 처음에 환자 보호자라 생각했다. 너무도 젊고 건강해 보이기에. 긴 복도 옆으로 작은 방이 즐비하다. 맨방바닥에 뼈만 남은 할머니가 여러 형태로 구겨져 있다. 물건을 뒤지는 치매의 특성상 방안에 아무것도 둘 수 없다고. 혼자만의 소리를 내며 복도에 나와 달팽이처럼 기어 다닌다. 늘 보는 광경인 듯 표정 없는 요양보호사가 왜 나왔냐고 면박을 주며 질질 끌다시피 방으로 가서 고함을 지른다. 공포에 질린 듯 괴성을 지르는 분도 있다.

추수를 끝낸 짚단처럼 가벼운 몸이다. 아무도 없는 답답한 방과 덧없이 바라보아야 하는 벽에 지쳤나 보다. 엉덩이를 바닥에 밀며 기는 사람, 아기처럼 엎드려 기는 사람, 누워서 몸을 사방팔방 돌리는 사람, 차라리 눈을 감고 싶다. 시간 맞춰 약을 먹이고 기저귀를 갈아준다. 복도를 헤매던 환자를 방으로 데려다 놓고 식판을 받아다 밥시중을 든다. 중증 환자는 식사를 줄에 의지하여 액체로 생을 연명한다. 상상조차 하지 못한 하루하루다.

소파에 앉아 친한 친구인 양 이야기꽃을 피우던 분들은 친구도 보호자도 아닌 환자였다. 이곳에서 만난 몽둥발이 친구다. 치매 초기라서 육체는 멀쩡하다. 눈만 뜨면 복도에 있는 소파에서 온종일 이야기꽃을 피운다. 무슨 이야기를 하는지 궁금해 가까이 가서 들어본다. 듣는 이 없는 혼자 말을 서로서로 중얼거리고 있다. 이러다가 한사람이 갑자기 생각난 듯 "집에 가야지" 하고 일어선다. 나머지 두 사람도 잽싸게 따라 일어난다. 그리고 우르르 엘리베이터 앞으로 가서 멈춘다. 찰나에 생각은 사라지고 버튼 누르는 걸 잊어버린 거다. 집에 가는 길이 지워진 거다. 멍하니 서 있는 것도 잠시 다시 소파에 앉아서 자기만의 대화를 시작한다. 그렇게 집에 간다고 일어났다 앉기를 반복하며 긴 하루를 살아낸다. 석양이 지면 이불 하나 요 한 장을 끌어안아 고단한 몸을 누인다.

재능 봉사단체에서 노래 봉사를 나오는 날은 축제 분위기다. 중증 환자는 참석하지 못하지만 대부분 휠체어를 타고 밀고 많은 환자가 모인다. 말을 못 하는 분들도 음악을 들으면 알맹이를 털어낸 강냉이처럼 해맑게 웃는다. 내가 모시던 세 분은 그곳에서 인기스타다.

사슴 눈을 닮은 분은 음악과 함께 무대에 올라가 춤을 춘다. 모든 기억은 잃었으나, 선율은 지워지지 않아 몸을 흔들며 흥겨워한다. 박수 소리와 함께 '소양강 처녀'를 토씨 하나 빠뜨리지 않고 구성지게 부른다. 발그스레 물든 천진한 표정을 보며 마음이 한참을 울었다. 그들의 기억 저편 사라지는 추억, 슬픈 언어를 듣는다. 허공을 향해 정처 없이 흔들리는 눈빛을 보며 생각한다. 언제쯤 사는 게 서툴지 않을까? 실습을 마친후 취업할 마음을 접었다. 망각 속으로 날아간 나비.

지금도 소양강 처녀를 부르고 있을까?

2024. 5.

음악이 만들어낸 길

욕심은 어느 곳에 있었으며 왜 생겨난 걸까?

혼자서 훌쩍 떠나지 못한 여행길, 장마를 핑계 삼아 떠나기로 했다. 무섭게 퍼붓는 비가 사라지면 숨을 쉬는 것도 사치인 양 바쁜 일상이 기다리고 있다. 그때를 대비해 동면에 들기 전, 몸속 지방을 저장하는 짐승처럼 마음에 영양을 채워주고 싶다. 가까운 바다로 떠나는 아침, 장대 같은 비가 먼저 앞장선다.

맑은 날만 고집했던 여행, 비가 오니 또 다른 설렘이 꿈틀댄다. 따뜻한 커피를 사 들고 출발했다. 숙소는 깨끗한 곳으로 예약했으니 싱싱하고 맛있는 회를 먹으며 즐기면 되는 거다. 차 안에 울려 퍼지는 '마리아 칼라스'의 목소리가 빗물의 배경이 되어준다. 침묵 속에 노래가 주는 각자 감성의 결을 조용히 수를 놓듯 섬세하게 느끼고 있다. 한 공간 안에 말없이 긴 시간을 함께할 대상이 있다는 건 감사할 일이다.

먼저 변산반도 한 기슭에 자리한 사찰, 내소사로 향했다. 다행히 비는 멈췄다. 울창한 숲길 사이를 걷는 우리가 행복해 보였을까? 나뭇가지에 앉은 빗물을 바람이 다가와 가끔 털어내고 있다. 대웅전을 둘러보고 내려오는 길, 여기저기 웅장하고 장엄한 전나무가 바위만 한 뿌리를 쳐들고 누워있다. 아니 죽어 있다.

오랜 세월 하늘만 바라보며 긴 키를 키웠겠지, 태풍이다. 장난삼아 휘몰고 간 산언저리, 까맣게 죽은 시신이 비에 젖어 처연하다. 많은 사연과 추억을 묵묵히 내려놓았다. 뿌리가 뽑히고 몸통이 동강 날 때 얼마나 아프고 두려웠을까? 죽어서도 자연에 살을 내어준 나무, 미생물이 번식하여 유익한 곰팡이를 증식한다. 그리고 자신이 살아왔던 숲을 살리고 있다. 누구도 원망하지 않으며 야속해 하지 않는다. 분재처럼 늙고 박제처럼 오래 살았던 죽음이 다른 생명을 잉태하고 있다.

바다가 가슴으로 다가온다. 검은 구름 사이로 떠나지 못하고 다리가 묶여 있는 작은 배의 표정이 무겁다. 내리는 비를 견뎌야 하는 바다의 어두운 등이 흑백으로 처연하다. 아무도 없는 바다, 오직 빗방울 소리와 음악 소리만 함께하는 방파제에 차를 세웠다. 숨 가쁘게 헐떡이던 윈도우 브러쉬도 쉬어간다.

죽음이란 보고 싶을 때, 미치게 그리울 때 보지 못하는 거다. 성치 않은 몸을 이끌고 변산 해넘이를 바라보았던 그는 지금 내 곁에 없다. 간암 말기였던 몸속의 장기를 끌어안으며 표현이 무색하게 나를 믿었을까? 내면에는 나를 의지했을 거다. 세월은 가버렸으나 곳곳 우리의 가슴 아픈 추억이 되살아난다. 마지막으로 바라본 그때의 바다도 비가 내렸으며 우울했다. 순간이나마 나를 원망하다 떠나진 않았을까? 고개를 흔들어 지우고 싶은 젊은 날의 아픈 기억이 유리창 밖 달려드는 빗줄기에 눈을 감게 만든다.

영혼이 자유롭지 못한 건 어느 순간 무언가를 소유하려는 욕심이 생긴 거다. 누군가를 의지하려 한 발이 들려 있는 상태의 불안과 불편함이다. 나도 모르게 스며들 듯 잠식당하는 거다. 불안과 불편을 통제하는 것은 들려 있는 발을 내려놓아야 한다. 중심을 잡는 거다. 끈적거리며 달라붙는 거미줄이 마음과 정신을 칭칭 감아 질식시키고 있다. 길을 잃었다. 세상에 있는 작은 것들을 안으려 했다. 많은 걸 양보만 하며 살았다. 바보같이, 내 것은 세상에 존재하지 않았던 듯 무심하다.

'데이비드 포스터' 음성으로 듣는 재즈 음악은 심장의 요동침을 외면한 채 깊숙이 파고든다. 애달프다. 기타연주와 목을 타고 흐르는 절규가 바다 깊숙이 가라앉는다. 심연으로 함께 하고 싶다. 순간, 생각의 몸통을 잘라 내는 친구의 목소리가 정적을 깬다. "지난번 무심하게 뱉어낸 죽고 싶다는 말이 거슬리더라" 나는 왜 친구에게 마저 감정표현을 하지 않는 냉혈 인간이 되었을까? 동물은 몸이 아프면 깊은 동굴 속으로 들어가 자신을 내보이지 않는다. 상처가 아물길 기다리면서, 바다는 아직도 비를 맞고 있다.

음악이 만들어낸 길을 바라보며

2024. 6.

외로움의 언저리

비 내리는 날 마음은 어딜 헤매고 있을까.

잠들기 전, 내일은 혼자서 변산 마실길을 걸어보리라 다짐한다. 눈을 뜨니 하늘은 내려앉아 울고 있다. 깊은 우울감에 빠져 하루를 보내는 건 지겨울 수도 있다. 이런 날에는 멍하니 창가에 앉아 별처럼 눈을 깜박여 본다.

어린 시절 엄마는 스님이 하신 말씀이라며 종종 말했다. 내 사주가 장군 사주로 너무 높다고. 결혼을 늦게 하거나 재취로 가지 않으면 일부종사를 못 한다고 했다. 게다가 세 개의 천, 고가 들어있어 인생이 고독할 거라 말했다.

그때는 몰랐으나 운명인 듯 일부종사를 못했다. 주변에 많은 사람이 있어도 마음을 펼쳐 보이지 못한 채 고독하게 살아간다. 누군가와 밀접하게 가까워지는 게 불편하다. 일정한 거리를 두는 방어기제를 쓰며 살았다. 지금까지.

엄마가 평생을 그리워했던 사람은 아버지다. 한 번도 속내를 드러내지 않았지만 느낄 수 있다. 다른 여자와 자식을 주렁주렁 낳아 살 때, 가슴에는 대못이 박혔을 거다. 밤마다 딸을 안고 웃지 못하고 울었을 것이다. 타고난 나의 감성이 장조보다 단조에 빠져드는 이유는 슬픈 엄마의 감정이 흡수되어서다. 딸은 엄마 팔자를 닮는다고 했는데, 나는 엄마 팔자를 닮았다.

학교에서 수업을 마치고 집으로 오는 길이었다. 같은 반 꼴등이 담벼락에 엄마와 나를 모욕하는 글을 새겼다. 시멘트 담장 위 날카로운 유리 조각은 햇빛이 하얗게 튀어 오르고 있었다. 싸매지 못하고 드러난 상처처럼 선명했던, 아빠 없는 년이라는 삐뚤빼뚤한 글씨가 눈에 들어왔다. 신이 난 듯 다른 아이들과 물코를 흘리며 낄낄대고 있었다.

나는 곧장 달려들어 녀석의 귀때기를 잡아 사정없이 흔들어대고 싸대기를 여러 대 갈겼다. 당황한 녀석이 울면서 뛰어가는 게 보였다. 분은 활화산처럼 타올라 사그라지지 않았다. 집에 도착하니 대문 사이로 남색 저고리에 하얀 치마를 입고 앞치마를 두른 엄마가 빨래를 널고 계셨다.

새하얀 이불 홑청 사이로 시원한 바람이 붉어진 얼굴을 핥고 지나갔다. 눈이 마주치자 울음이 터진 나를 꼭 안아주었다. 서럽게 울부짖듯 일러바쳤다. 화가 난 엄마는 그 집에 찾아가서 따지는 듯했다. 잠시 후

아비와 큰아들이 달려들며 험한 욕을 해댔다. 그리고 몸싸움이 벌어졌다. 엄마는 혼자서 그들과 맞섰다.

병신 같은 나는 몰려든 사람들 다리 사이에 서 있었다. 내 엄마가 아닌 양 애써 시선을 외면했다. 흘끔흘끔 옆눈으로 흘겨보며 울다가 고개를 숙였다. 여러 사람이 있었지만 아무도 싸움을 말려주지 않았다.

바보처럼 어찌할 줄 모르고 울고만 있었다. 천 번을 생각해도, 달려들어 물어뜯기라도 해야 했다. 엄마 편이 되어야 했다. 사람들 틈바구니에서 불한당 같은 놈들에게, 실랑이를 당하는 모습을 보고만 있었다. 지금도 그때의 내가 밉고 또 밉다. 가슴에 남은 깊은 옹이가 바람을 타고 먼지처럼 날아가면 좋겠다.

엄마는 그놈들에게 오른손 엄지손가락이 꺾였다. 병원도 가지 못해 굳어져 버린 손가락을 볼 때마다 미안함에 애써 외면했다. 접어지지도 뒤로 꺾이지도 않은 손가락이 되었으나 평생 침묵하셨다.

살아생전 얼마나 아프셨냐고, 기억하고 있다고, 죄송하다고 말하지 못했다. 어린 마음에 보호해줄 아빠가 없다는 게 서러웠다. 우리를 버려버린 비정했던 아버지, 마지막까지 한 번의 사과도 없이 생을 마감했다.

미성숙한 어린 자아를 가진 난 가슴이 따뜻한 사람을 갈망했다. 자식을 낳고 살아온 남편은 자상하고, 감성과 대화가 통해 마음이 합해지는 사람이다. 그러나 가난했던 그는 빚더미에 나를 몰아넣고 지켜주지 못했다. 사랑했으며 자식의 아비였기에 모든 걸 내가 떠안았다. 그리고 남이 되었다. 많은 세월이 사라져버렸다.

누군가 그리울 때면 가난한 예술가와 함께했던 기억이 떠올라 외로움의 언저리를 서성인다.

2024. 11.

마음이 기울어질 때

긴 세월 무심한 하늘의 얼굴을 몇 해를 보았던가.

대장암 수술을 받았던 엄마는 퇴원하면 병이 완쾌하는 것으로 아셨다. 수술해 주신 의사 선생님께 금반지를 선물하고 싶다 했다. 엄마의 눈짐작으로 손가락 굵기를 재어보니 어림잡아 새 돈의 금값이 필요하다고. 생명의 은인으로 생각하시는 마음을 알기에 기꺼이 해드렸다.

주치의는 누구에게나 친절했지만 내게도 참 따뜻했다. 항암치료 받으러 가서 반지를 전해드렸다. 당황한 듯 고맙다며 불우이웃을 위해 쓰겠다고 말했다. 순간, 엄마 얼굴에 서운함이 불그레 피어올랐다. 그분은 엄마 손을 꼭 잡고 예수를 믿으시라고 말했다. 우리는 교회를 다녀본 적이 없기에 예수 믿으라는 말은 뇌리에 깊숙이 씨를 묻었다. 가끔 엄마가 그리울 때 그분이 떠오른다.

딸은 나를 보며 울먹인다. 아프면 아프다고 말을 하라고. 울음에 젖은 얼굴로 말 못 하는 엄마 때문에 맘 아프다고. 구석구석 쓸쓸함이 물밀듯 사무쳐서 말을 잊고 지냈다. 이혼한 후 월세를 전전하면서도 아파트만 고집했다. 강박감이 있어 경비실과 경비가 있는 아파트에 살아야 보호받는다고 생각했다. 이 믿음은 지금도 변하지 않는다. 어린 자식을 데리고 잠자리에 들기가 무서웠다. 자다가 무언가에 놀라고 몇 번이고 눈이 떠졌다. 어둠에 우두커니 서 있는 사물에 놀라 불을 켜고 잠을 잤다. 예민해서 두려웠던 세월이다.

암을 수술한 후 가끔 먹던 수면제와 이별했다. 아무 때나 자리에 눕고 싶고 누우면 몸뚱이가 나락으로 서서히 떨어져 깊은 잠에 빠진다. 이럴 수가, 그도록 예민하던 신경을 벙나가 뭉개버린 거다. 어떤 날은 주변 의식 없이 우당탕 밤늦게 귀가하는 아들 소리도 못 듣고 잠에 취해있다.

암 치료 중임을 알게 된 사람이 위로한다며 생각 없이 말한다. 착한 암, 아무것도 아니라고, 무심히 말하는 사람은 병을 앓아보지 않은 사람이다. 쉽게 함부로 뱉어낸 말은 가시가 되고 상처가 된다. 매일 피곤하고 의욕이 없으며 근육통과 두통, 우울감이 홑이불처럼 내 몸뚱이를 감고 있다.

평소 하던 운동이 엄두가 나지 않으며 걷는 것은 숨이 차서 힘들다. 밖에 나가면 집에서 쉬고 싶은 생각뿐이다. 그래도 용기를 내 매일 운동 삼아 왕복 50분을 걸어 목욕탕에 간다. 반신욕과 사우나를 하다 보면 몸이 따뜻해지고 혈액순환도 원활해 무거운 기분이 사라진다. 벌거벗은 아줌마들의 가벼운 수다와 함께. 돌아와 책상에 앉아 편안하게 책을 읽고 글도 쓴다.

언제인지 알 수 없으나 수술 부위 안쪽에 탁구공 크기로 단단한 멍울이 생겼다. 수술한 사람들은 흉터만 걱정하던데 나는 부풀어 오른 부위가 흉터와 합해져 보기가 흉했다. 많이 아프지 않아 가만히 있었다. 우연히 보게 된 아들이 사진을 찍어 딸에게 알렸나 보다. 잠시 후 예약 문자가 떴다. 지팡이 없는 나무였던 내게 나팔꽃 씨방 속에 똘똘한 씨앗이 어느덧 자라 울타리가 되었다.

봄은 또 오고 병원 앞뜰에는 보라색 꽃잔디가 새소리처럼 깔려있다. 로비는 파장한 시골 장터처럼 휑하다. 의사의 파업 때문이다. 그러나 그분 진료실 앞에는 많은 환자가 대기하고 있다. 문이 열리자 여전히 싸리꽃 같은 눈웃음을 지으며 묻는다. "왜 왔데?" 너무도 친근한 한마디다. 마스크 안에서 나도 모르게 입이 헤벌쭉 벌어졌다. 병원에 온 이유를 어린아이처럼 종알거렸다. 피부가 약해 수술 부위가 뭉쳤단다. 서서히 가라앉는다며 걱정하지 말라고.

무게를 이기기 버거웠던 심장이 선한 눈빛과 정겨운 음성에 벙글어진다. 나도 엄마처럼 그분께 선물하고 싶다. 해바라기 줄거리로 십자가를 엮어 반지를 만들까?

어느새 엄마의 마음으로 기울어지고 있다.

2024. 4

길

땀을 흘리며 운동장을 돌고 있는 선수들의 숨소리가 가쁘다.

초등학교 때 엄마가 한정식집을 했다. 물질의 어려움은 없었고 공부도 잘했다. 고전무용, 밴드부 등 내가 원하는 건 무엇이든 할 수 있었다. 봄가을 소풍을 갈 때면 엄마는 새벽부터 고기를 곱게 다져 동그랑땡을 만들었다. 멸치 짠지와 계란말이, 간식과 함께 교장 선생님을 비롯해 학년 전체 선생님의 도시락을 챙겨 주었다. 모든 상황에 중심이 되어 학교생활이 즐겁고 행복했다. 반장 부반장을 놓치지 않았다. 주변의 칭찬과 엄마의 자랑거리였다.

6학년 겨울 방학 때 가게에 불이 났으며 엄마는 아팠다. 돈이 필요해 다른 여자와 사는 아버지를 찾아가야 했다. 사업을 하는 아버지를 만나기란 너무 힘들었다. 구걸하듯 돈을 타러 가는 마음은 갈 곳 모르고 끌려가는 강아지 같았다. 내가 나타나면 어김없이 여자는 앙칼지게 고함을 질렀다. 침묵으로 납작 엎드려 있던 아버지 모습도 싫었다. 분을 이기지 못하는 목소리가 깨진 접시가 되어 뒤통수를 때린다.

중학교에 입학하니 돈이 더 필요했다. 과목마다 준비물이 필요했고 교복과 체육복도 준비해야 했다. 버스비를 아끼려 한시간을 걸어 다녔다. 수업료를 미납하여 담임선생님께 손을 들고 영혼 없는 거짓말을 해야 했다.

여유로웠던 생활에서 궁핍한 상항이 되니 출구 없는 우울감이 스며들었다. 돈 타러 가는 게 너무나 싫었다. 바쁜 아버지를 만나기도 어려웠지만, 경멸스러운 눈빛을 온몸으로 흡수하기에는 너무 어린 나였다. 애써 회피하며 죄지은 듯 돌아오기 일쑤였다. 그 눈빛은 지금도 서늘하게 가슴속에 살아 있다. 움츠린 마음은 살갗이 벗겨지듯 쓰리고 아렸다. 그런 날은 주인 없어 물벼락 맞은 강아지처럼 전동성당 앞을 배회했다. 이러다가 하얀 여인의 동상 발아래 꿇어앉아 소리 죽여 울곤 했다. 우는 이유도 모른 채 울다 보면, 달빛은 몸을 부풀려 어둠에서 나를 감싸줬다.

상위권이던 성적은 과외 하며 학원에 다니던 애들에게 밀리기 시작했다. 한 번도 느껴보고 경험해보지 못한 절망감이 꼬리에서 꿈틀대며 기어 나왔다. 그래도 열심히 공부했다. 엄마를 꼭 호강시켜야 한다는 일념으로. 늪에 빠진 집은 가난이 무겁게 가라앉고 나의 마음은 늘 축축하고 눅눅했다.

운이 좋은 날 아버지가 전화를 받았다. 남문 옆 가방 가게에 가서 돈을 타가라고 했다. 그때는 알 수 없었지만, 아버지의 세 번째 여자였다. 무정한 현실 앞에서 거울을 보며 비굴해지는 연습을 했다. 학교에 낼 돈을 더는 미룰 수 없었기에. 학교가 파한 후 남문로터리를 돌아섰다. 밝은 조명이 낮처럼 화려하다. 순번 달고 불려 나갈 색시처럼 단장한 가방이 교태를 부리고 있다.

생선을 훔쳐먹으러 가는 고양이 걸음으로 가게에 들어섰다. 눈을 마주치는 것도 죄스러운 내게 경멸스러운 눈빛으로 두 여자가 나를 기다리고 있다. 교미하다 들켜버린 독사처럼 차갑게 째려보고 있다. 코가 납작하고 광대뼈가 튀어나온 여자가 먼저 혀를 날름거리는 게 보였다. "네가 여기다 돈 맡겨놓았냐?", "여기가 어디라고 돈을 달라고 해?" 순간 입안에 침이 말라 혀와 천장이 텁텁하게 붙었다. 입이 벌어질 생각을 잊어버렸다. 목구멍 아래에서 무언가 올라오려 하는데, 애써 마른침을 삼키고 서 있었다.

돈을 줄 거라는 가방 집 여자는 내 편을 들어주지 않았다. 통쾌하다는 듯 크고 검은 옆눈으로 째려보았다. 뚱뚱해서 늘어진 하얀 피부가 빛에 반사되어 백 돼지 같았다. 벙어리처럼 아무 말도 못 하고 애써 시선을 외면했다. 처진 어깨를 위로하며 되돌아 나왔다. 뒤통수가 열꽃 피어오르듯 따끔거리며 뜨거웠다. 모멸감과 수치심에 하얀 교복이 눈물로 얼룩졌다. 원망이라는 처음 본 친구가 곁에 붙어 눈물을 닦아 주었다. 다시는 돈을 구걸하러 가지 않으리라 다짐했다.

우리 학교는 전국에서 사격부가 유명했다. 전국대회에 나갈 예비 선수를 기르려고 각반으로 체육 선생님이 오셨다. 머리가 좋고 키가 큰 사람이 학교에서 원하는 신체 기준이다. 선발전에서 성적이 좋아 도 대표가 되면 장학생으로 학교에 다닌다는 거다. 망설일 이유가 없었다. 많은 학생이 목적도 없이 호기심에 지원했다. 담임선생님은 명문고에 충분히 입학할 수 있는데, 왜 운동하려는지 물었다. 이해할 수 없는 가정사를 설명하기 싫어 침묵했다.

그렇게 학비를 면제받으려 운동을 시작했다. 열심히 노력하고 연습해서 도 대표가 되었다. 특기 장학생으로 돈 없이 학교에 다녔다. 전국대회에서 메달을 따 사격의 명문고등학교에 스카우트 되었다. 사람들은 칭찬하고 부러워했다. 그러나 한 번도 기쁘거나 행복하지 않았다. 남이 열심히 공부할 때, 난 선수촌에서 극기 훈련과 사격 연습을 해야 했다. 많은 세월을 가고 싶었던 길을 잃어버리고, 다른 길에서 방황하며 살았다.

나이 60에 학생이 되었다. 그토록 걷고 싶었던 길을 걷는다. 모르는 것을 알아간다는 것, 어떤 사람이 되고 무엇을 이룬다는 것은 지나온 삶과 함께 멀어졌다. 그러나 대학생이 되어 있는 지금 행복하다.

이 길을 그토록 갈망했으므로, 잃어버린 나를 찾아 여행길에 올랐으므로.

2023. 9.

발자국

동트기 전 고요 속에 만두 모양 발자국 여러 개가 총총하다

잠든 사이 조용히 눈이 내려왔다. 추위를 견디며 먹이 찾아 헤맸을 엄마 길고양이였을 게다. 배가 고파 엄마가 아팠는지 엄마가 아파 배가 고팠는지 기억할 수 없다. 짧은 겨울 해가 솟아올라 사그라들 때까지 무엇을 먹었던 기억이 없다. 이런 날엔 누워만 있는 엄마 팔뚝 위에 목을 걸고 온종일 나도 누워있었다. 심심했을 자식을 위해 낡은 신문지로 눈도 코도 없는 투박한 종이 인형을 오려줬다. 예쁘지도 않았지만 혼자 1인 2역을 하니 재미가 없었다.

햇살 가득한 날이면 멀리 아이들의 웃음소리가 귓가에 통통거리다 사라지곤 했다. 가슴을 덮은 옷의 단추를 풀고 새하얀 젖무덤을 만지

작거리다가 앵두만 한 젖꼭지를 살살 비틀어 단단하게 뭉쳐놓곤 했다. 그런 내가 귀찮아도 말할 힘도 없었으리라.

그날은 낮부터 양털 같은 눈송이가 정처 없이 흩날리기 시작했다. 아이들과 숨바꼭질하다가 옆집 부엌으로 숨어 들어갔다. 튼실한 나무 도마가 보인다. 몸이 잘려져 밥상에 올려지고 버려진 노란 단무지 꽁다리가 쥐꼬리 모양으로 널브러져 있다. 순간 주위를 한번 둘러보았다. 방안에서는 양은 상에 부딪히는 가족의 젓가락 소리가 불안한 생각을 부추긴다. 때 묻은 손으로 꼬랑지 끝을 잡고 목을 뒤로 젖혀 허겁지겁 삼켰다. 짜디짠 단무지는 달콤한 육즙을 내며 허기진 위장 위에 얹어졌다.

눈밭을 종일 강아지처럼 뛰어다니다 집에 왔다. 아픈 엄마가 내어주는 미지근한 온기조차 식어가고 있었다. 날이 밝은지도 모르고 계속 잠을 잤다. 눈을 뜨고 일어나려 했다. 낙지가 몸과 다리를 벌려 밀착시키듯 방바닥에 몸뚱이가 붙어서 떨어지지 않는다. 몇 끼를 굶었나 보다. 정신은 몸을 떠나 어디론지 방황하고 있다.

늘어진 자식을 품에 안은 엄마 볼이 차가웠다. 눈앞에는 발목을 자르고 내장을 들춰낸 삶은 닭이 김이 모락거리는 솥단지 안에 누워있다. 엄마는 대접에 담아온 찬물에 손을 한번 담근 뒤 허벅지 하나를 쭉 찢어 작은 내 손에 쥐어주었다. 닭 다리가 무거웠으나 허겁지겁 맛있었다.

마당에는 두 마리의 닭이 있었다. 벼슬이 크고 붉었으며 덩치가 컸다. 나를 보면 어디선가 달려와 발톱을 세워 쪼아대는 놈이다. 검정 바둑알 모양의 닭은 화려하지 않다. 온순했으며 가끔 먹을 게 있나 우리 부엌으로 들어와 이리저리 살펴보다 되돌아가곤 했다. 분명 둘 중에 한 놈이 죽임을 당했을 것이다. 배가 부르니 기운이 나서 밖에 나가고 싶었다. 해가 기울고 뱃가죽이 다시 등에 붙을 때까지 쏘다니며 놀다 집으로 돌아왔다.

컴컴한 우리 부엌에 앞집 아줌마와 엄마가 심각한 듯 굳은 표정으로 대화를 나누며 서 있는 게 보였다. 어두워서 표정은 읽을 수 없었다. 무거운 침묵이 어떤 공포감마저 느끼게 했다. 부엌으로 들어간 나는 무거운 어색함을 달래려 엄마의 긴치마를 붙잡아 내 몸을 감았다.

빼꼼히 머리만 내놓고 바라본 눈앞에, 앞집 아줌마가 무릎을 땅에 대고 엎드렸다. 그리고 머리를 부엌 바닥에 누인다. 한 손에는 부지깽이를 들고 있었다. 길게 뻗은 손으로 아궁이 안에 있는 타고 남은 재를 휘젓는 게 보였다. 이상하다는 듯 말한다. “분명 발자국을 보니 이리로 들어갔는데, 없네.” 하더니 아쉬운 듯 머뭇거리며 나갔다. 나도 얼른 치마폭에서 튕겨 나와 밖으로 나왔다.

하얀 눈 위로 단풍잎 모양 발자국이 우리 부엌에서 머물러 있었다.

2023. 12.

한겨울

열네 살쯤 된 겨울이었을까. 유별스럽게 손발이 가슴까지 시렸던.

아픈 엄마를 뒤로하고 집을 나섰다. 한발 한발 긴 철길에 촘촘히 잘려져 누워있는 나무를 밟고 걸었다.

낡고 초라한 기와집 사이, 시내로 향하는 긴 길을 걸어 내려갔다. 내일은 입학금 마감날이다. 어떻게든 돈을 구해야 한다. 한참을 걷다 힐끗 쳐다본 전동성당 안에는 느린 걸음으로 웃음꽃을 피우며 오가는 사람이 보인다.

건널목을 건너 버스정류장 앞에는 사람의 종종걸음이 아지랑이처럼 흔들린다. 잡다한 물건을 파는 조그만 갑판에는 신문과 잡지를 진열하고 있다. 상체를 반쯤 드러낸 이름 모를 여자가 흔들리는 장미처럼 웃는다.

오렌지색 전화기에 20원을 넣고 다이얼을 돌린다. 헐렁한 링 자판 사이에 끼어 돌아가는 손가락 떨림이 보인다. 여자는 날카로운 외마디를 통명하게 뱉어 내고 끊어 버린다. 쿵쾅거리는 가슴에 소리 없는 진동이 고막을 때린다.

점심도 저녁밥도 거른 채 시간을 두고 다이얼을 돌려댄다. 반복되는 전화질에 돌아오는 반응은 앙칼진 욕지거리다. 봄에 쫓기는 늦겨울 추위는 심술만 남았다. 땅거미가 내리자 사람도 하나둘 사라지더니 공중전화도, 장미꽃처럼 웃던 여자도, 사라졌다.

이제는 버스도 오지 않는다. 아무도 없는 정류장에 혼자 멍하니 서 있다. 등이 굽은 달 아래 헤매는 바람은 깨진 유리 조각처럼 날카롭고 차갑다. 외투도 없이 옹색한 바지 수머니에 추위에 곱은 손을 넣고 생각한다. 중학교에 가지 못하면 공장에 가서 공순이가 되어야 하는데, 그러기는 죽기보다 싫다.

먼지가 내려앉은 가로등 불빛을 따라서 걷다가 큰 대문 앞을 기웃거린다. 차고에 아직 차는 없다. 움츠린 어깨 위로 피아노 건반처럼 이빨들이 제멋대로 다닥다닥 요란하다. 귀가 밝은 큰 개가 불빛에 반사되어 반질거리는 털가죽을 세우며 일어난다. 재빨리 차갑고 우툴두툴한 담벼락에 원숭이 새끼처럼 달라붙어 숨을 죽였다. 쪼르륵거리던 배속의 아우성도, 제멋대로 움직이던 이빨도 바짝 긴장하며 나의 행동에 집중한다. 생각 없이 놀러 나온 별만이 안타깝게 내려다보고 있다. 철문이 느리게 열리는 소리가 났다. 어디선가 차량 불빛이 달려와 벽에 달라붙어 있던 초라한 내 모습을 환하게 비추고 말았다. 눈이 부셔서 나도 모르게 눈꺼풀이 내려와 버렸다. 불빛은 따뜻하다. 더 가까이 내게로 오면 와락 안아서 심장만 남긴 채 얼어가는 몸을 녹이고 싶다.

차 문이 열리고 한 남자가 내린다. 눈꺼풀이 지렁이처럼 올라갔다. 실눈 속에 스며들던 차량 불빛과 달빛 아래 빛나던 양복과 반짝이던 검정 구두였다. 눈길을 사로잡은 금배지가 책장을 넘기듯 눈 안에 들어온다. "웬일이냐?", "내일까지 입학금요." 아버지다. 지갑에서 남김없이 지폐를 꺼내주었다. 얼어서 쥐어지지 않은 작은 손을 힘주어 오므렸다.

마음은 이어짐이 어색한 듯 머뭇거렸다. 할 말은 폭포수 같았는데, 이빨이 깍지를 끼고 있다. 집안에서 누군가 걸어 나오는 인기척에 입술까지 합세해 붙어있다. 말 한마디 못 하고 되돌아오는 길. 성당 안에는 아침에 보았던 하얀 옷을 걸친 여자도 지친 듯 서 있다.

평범하고 따뜻한 집에서 듬성듬성 새어 나오는 빛을 보며 걸었다. 엄마가 좋아하는 만둣집 나무문이 한 칸만 삐딱하게 서 있다. 막 문을 닫으려 한다. 마디가 굵은 아저씨의 큰손이 누런 봉투에 만두와 찐빵을 투박하게 담아준다. 꼭 안았다. 추위에 오돌거렸던 작은 심장을 따뜻하게 감싸준다.

엄마는 상체를 일으키며 온종일 어딜 쏘다니다 왔냐며 걱정스럽게 타박한다. 미지근한 아랫목 이불을 걷고 청국장 단지 에워싸듯 나를 감싸준다. 얼어있는 두 손을 입으로 불어주시고 엄마 겨드랑이에 넣어준다. 온몸의 세포가 실지렁이 기어가듯 근질거린다. 빛바랜 전등

불 아래에서 먹었던 식어버린 만두와 찐빵이지만, 세상에서 제일 맛났다.

그렇게 한겨울이 닳고 있었다.

2023. 12.

장마

엄마는 지금 어디 있을까.

점심도 거른 채 질척이는 산길을 따라 강나루로 걸어 내려갔다. 벌써 며칠째 하늘에선 굵은 물줄기가 신작로 자갈 사이로 곤두박질치고 있다. 비에 맞아 아프다고 튕겨 오르는 흙탕물은 검정 고무신에 스며들었다. 절버덕절버덕 소리를 내며 자꾸 발뒤꿈치를 벗어나려 한다.

비료 포대로 만든 우비를 둘러쓴 소녀는 얼굴과 온몸으로 내려치는 빗줄기가 스멀스멀 기어오르는 송충이처럼 느껴진다. 강나루 옆 기와집 처마 아래 쭈그리고 앉아 배에서 내리는 사람을 공허한 눈으로 바라보다 되돌아오곤 했다

엄마는 단골 의상실에서 잔잔한 노랑 꽃잎이 하늘대는 원피스를 입

혀 주었다. 긴 머리를 양쪽으로 곱게 땋아 꽈배기처럼 반으로 접어 빨간 자두가 두 개 달린 고무줄로 묶었다. 너무 세게 묶어 눈꼬리가 올라갔다. 하지만 거울 속의 내 모습이 예뻐 기분이 좋았다. 하얀 레이스 양말에 나비가 앉아있는 분홍색 구두를 신었다. 늦은 봄이었던가.

버스를 탔고 또 배를 타고 내려서 한참을 걸었다. 마냥 즐거워 콧노래를 흥얼거렸다. 행복했다. 지루해하는 나를 위해 산길에 듬성듬성 피어 있던 새하얀 꽃을 꺾어 주었다. 잊히지 않는 냄새다. 찔레꽃 향기는 이 세상을 떠나간 엄마의 체취다.

걷기 싫다고 떼를 쓰는 나를 안고 걷다가 업어 주었다. 단아하고 아름다웠던 모시 한복에 내 신발이 닿을까 봐 다리를 크게 벌리려 애썼다. 등에 살포시 얼굴을 묻노라면 "우리 아기 이쁜 아기" 가슴속 울림을 뚫고 귓가에 스며들던 엄마의 음성이 지금도 아련하다.

도착한 곳은 능금나무가 병풍처럼 둘러쳐진 외할머니집이었다. 옹기종기 모여 있던 장독은 햇살 아래 흑진주처럼 빛났다. 마을로 놀러 나간 내 곁으로 아이들이 마치 신기하다는 듯 몰려들었다.

신발을 한 번만 신어보자는 아이, 머리에 매달린 방울을 만져보는 아이, 심지어 개울가에서는 돌로 자기 손등을 문질러 대는 아이도 있었다. 나는 예쁜 머리가 망가질까 봐 신경질이 났다. 그러나 신발은 벗어 모두에게 신어 보도록 인심 썼다.

호롱불이 켜지고 감나무 아래 멍석이 깔렸다. 엄마와 할머니는 밤이 깊도록 도란도란 얘기를 나누었다. 잔잔한 탄식이 섞인 말이 오갔다. 벌러덩 누워 엄마의 팔을 베고 올려다본 하늘엔 붉은 달이 떠올랐다.

달이 붉은 이유는 알 수 없었다. 그냥 많이 울어 얼굴과 눈이 붉어졌다 생각했다. 나무 아래로 달이 내려올 때쯤 토끼가 방아를 찧는 걸 바라보다 잠이 들었다.

흐드러진 꽃잎이 이슬에 젖어가고 있었다. 엄마는 나를 안아 방으로 뉘며 엉덩이를 토닥이셨다. 연신 이마를 쓰다듬으며 알 수 없는 소리를 중얼거렸다. 이 음성이 너무 좋아 계속 자는 척하다가 먼 꿈나라로 날아갔다.

눈을 뜨니 엄마는 떠날 채비를 하고 있었다. 어두운 표정으로. 할머니는 보따리에 이것저것 챙기느라 분주했다. 나도 원피스와 구두를 들고 와서 떠날 채비를 했다. 엄마는 평소보다 정성스럽게 내 머리를 빗겨 주었다. 그리고 슬픈 눈으로 말했다. 열 밤만 자면 데리러 올 테니 할머니 외숙모 말 잘 듣고 있으라고. 말을 마치자마자 등을 돌려 사립문을 빠져나가는 게 보였다.

나는 양손에 옷과 신발을 들고 울며 뛰기 시작했다. 누군가의 거친 손이 작은 나의 몸통을 우악스레 안았다. 들고 있던 옷과 신발을 내동댕이치고 신작로에서 몸부림치다가 풍뎅이처럼 뒤집혔다. 발뒤꿈치와 팔꿈치가 벗겨지게 절규하며 울었다. 엄마는 뒤돌아보지 않았다. 내게 달려와서 달래주지 않았다. 두려운 절망감이 홍수처럼 나를 떠밀었다. 신들린 듯 소리를 지르며 죽어라 달려갔다. 엄마를 실은 야속한 배는 눈앞에서 멀어지고, 물길만이 흔적을 덮어가고 있었다.

노를 젓는 아저씨의 검은 어깨너머, 새하얀 모시 저고리가 눈물 속에서 새벽 물안개처럼 뿌옇게 흔들렸다. 엄마를 불러봐도 몸부림치며 울어봐도 되돌릴 수 없는 슬픔과 절망이 내게 따개비처럼 달라붙어 있었다.

젖은 헝겊 인형처럼 사립문을 들어설 때, 돌담 옆으로 커다란 황구렁이가 길게 걸터 있었다. 소라껍데기 같았던 쓸쓸한 집을 바라보며 울음과 두려움을 삼켜야 했다. 나와 눈이 마주친 구렁이는 스르르 몸을 밀어 사라지곤 했다. 황구렁이가 나왔다 사라지는 날에는 두려움이 커서 그리움이 잠시 사라지곤 했다.

강물 위로 보름달이 솟고 소쩍새가 유난히 애끓게 울던 밤마다 여린 가슴속 눈물은 허공을 밤새 떠다니곤 했다. 열 밤만 자면 오신다던 엄마는 한 달이 가고 일 년이 가도 오지 않았다. 모래 위에 손가락으로 썼다가 지워버렸던 '엄마 미워'라는 글자는 강물 속으로 사라져버렸다.

장마 속에서 아스팔트 위로 곤두박질치는 빗줄기를 본다. 떨어진 빗방울은 아프다며 다시 뛰어오른다. 어린 소녀의 그리움이 아픔과 슬픔이었던 세월이 흘렀다. 강나루 기와집 처마에 쭈그려 앉아, 쏟아지는 빗줄기를 세던 소녀는 지금 무얼 하고 있을까.

장마가 오면 그때의 엄마가 여전히 그립다.

2023. 5.

막차로 떠난 사람

작은 소녀의 눈망울에 고인 젖은 달빛.

키가 길어진 그림자를 밟으며 걷고 있다. 가슴 안에선 장기가 다 빠져나간 듯 찬바람이 시리다. 중학교 2학년, 교생이 실습을 나왔다. 학교가 들썩일 정도의 인기였다. 운동선수였던 나에게 체육학과 출신 교생 선생님은 특별한 관심을 주었다. 우리와 함께 매일 편을 갈라 운동장에서 배구를 하곤 했다. 배구공은 시간을 초월하여 하늘 위를 날았다. 땅거미가 질 때까지.

배구가 끝나면 학교 앞 분식집에서 호떡과 튀김을 사주셨다. 수줍음이 많았던 탓에 말을 잃었고 웃는 것으로 마음을 표현했다. 큰 눈과 여드름 자국이 군데군데 사그라지지 않았던 선생님께 마음을 빼앗겼다.

어느 날 교무실로 따로 불러 생활기록부를 펼쳐 보였다.

아버지의 직업을 보고 남부러울 게 없던 것처럼 보였나 보다. 내게 운동을 그만두고 공부를 하라는 거다. 특기 장학생으로 선발된 운동선수에게 공부하라니, 답답했다. 선생님의 관심이 싫지 않았다. 머뭇거리다가 처음으로 설명하기 힘든 가정사를 털어놓으며 울었다. 침묵이 어색하게 미동 없이 듣기만 했다.

다음날 선생님이 테니스장에서 나를 부른다고 반 친구가 전했다. 아이들의 시선이 일제히 내게 쏠렸다. 기다리던 선생님은 양복 안주머니에서 하얀 봉투를 건넸다. 교실에 돌아온 내 귓가에 햇살처럼 빛나던 아이들의 함성이 들린다. “모든 것은 지나갈 거야. 어떤 기억도 너의 오늘을 다치게 하지 못하지. 아무 걱정할 것 없단다.” 지금 생각해보면 전날 울며 가정사를 얘기하던 소녀를 걱정하며 격려해주는 편지다.

그날도 지금처럼 겨울을 재촉하는 비가 내렸다. 버스비를 아끼려 한 시간씩 걸어 다녔던 난, 쌀쌀해진 날씨 탓에 우산이 없어 버스에 올랐다. 많은 인파가 붐볐고 겨우 몸을 비집어 전동성당 앞 정거장에 하차할 수 있었다. 차가 막 출발하려 할 때 “잠깐만요.” 소리가 나더니 선생님이 내렸다. 방향도 다른데 언제 버스에 탔을까.

비는 그쳤고 아스팔트 위에 고인 빗물은 가로등 불빛에 빛났다. 콩닥거리던 가슴을 생각하면 지금도 애잔한 향기로 남아있다. 아무 말 없이 걷다가 성당 앞 분식점으로 들어갔다. 나도 뒤따라 들어갔다. 침침한 백열등 아래 식은땀 흘리는 생의 빈칸처럼 푸시킨의 「삶」이라는 시를 품에 안은 액자가 파리똥을 뒤집어쓰고 매달려 있다.

선생님은 튀김과 막걸리 한 주전자를 시켰다. 곧이어 튀김을 간장에 찍어 내게 건넸다. 노란 칠이 군데군데 벗겨진 양은 대접에 말없이 막걸리를 가득 따라 마신다. 두 번째 잔을 비우고 무겁게 말문을 열었다. ROTC로 군대에 간다고. 그리고 또 한 잔의 술을 마신다. 마음속 함박웃음이 꽃잎처럼 지고 있었다. 세상 끝의 끝으로 온 거 같았다. 이런 내 마음도 모른 채 다음 말을 이어간다. 제대하고 고등학생이 되어 있는 나를 찾아올 테니, 공부와 운동을 열심히 하라고 말한다. 태어나 처음으로 설렘을 품은 사춘기 소녀의 짝사랑을 이미 알고 있었던 거다.

입영 전날 우리는 선생님 집으로 초대받았다. 군대 가기 전 집에서 과자 파티를 하기 위해서다. 용돈으로 산 손수건을 곱게 포장했다. 그리고 친구와 집을 찾았다. 차려놓은 다과 상위로 촛불이 몸을 숙여 자기들끼리 속삭이고 있다.

선생님의 통기타 연주와 다른 선생님의 피아노 반주에 몸을 실었다. 하남석의 '막차로 떠난 여인'을 목이 터지게 다 같이 불렀다. 그날의 기억은 아직도 가슴에 서늘하게 남아있다. 지금까지 선생님보다 기타를 잘 치며 노래를 잘 부르는 사람은 본 적이 없다. 이별은 슬펐으나, 순간은 행복했다.

잠시 후 문소리와 함께 긴 머리를 하나로 묶은 여자가 들어왔다. 순간에 모든 게 멈췄다. 정적을 깨고 선생님이 말한다. "귀자야, 인사해 선생님과 결혼할 사람이야." 거리에 서 있던 나무는 일제히 입을 닫았다. 쓸쓸한 골목길은 더욱 황량해졌다. 저녁 바람이 곡선을 그리며 내려와 얼굴을 스친다. 그제야 정신이 들었다. 옆에는 급하게 따라온 듯 선생님 얼굴이 창백했다. 버스의 문이 열린다. 나를 붙잡는 손끝이 아쉽게 멀어졌다. 눈물방울이 알알이 떨어지며 슬픔을 품고 갔다. 몇 날을 앓았다.

막차로 떠난 사람이 생각나는 계절이다.

2025. 1.

외식

밤하늘에 별 하나가 유별스럽게 오롯하다.

나를 가르치는 건 언제나 지나간 시간. '다음'이라는 시간이 내 곁에 영원히 존재하리라 믿었다. 바쁘다는 핑계로 어머니 모시고 단둘이 시장 구경 꽃놀이, 외식 한번 못했다. 그저 돈 몇 푼 드리는 게 효도의 끝이라 여겼다. 어머니가 대장암 판정을 받던 날, 무기력한 딸은 병원 복도 창가에서 한없이 울었다. 의사는 수술하면 괜찮을 것이라고 말했다. 하지만 말에서 온도를 느낄 수 없었다.

병원을 나서며 오랜만에 잡아본 어머니의 손은 타버린 검불처럼 가벼웠다. "엄마 먹고 싶은 거 있어?" 어머니는 물냉면이 먹고 싶다 하셨다. 한여름이 아닌 날씨에도 냉면을 국물 하나 남기지 않고 다 잡수셨다. 속을 태우는 불길한 마음을 물냉면으로나마 끄고 싶으셨을까. 어머니가 냉면을 좋아하셨음을 이때야 알았다. 그날이 세상에서 어머니와 마지막 외식이었다.

일요일 아침, 어른 권사님 네 분이 볕 좋은 창가에 사이좋게 앉아 계셨다. 가끔 교회 일로 성도들과 차를 마시거나 식사할 때가 있다. 권사님 가운데 한 분이 부드럽지만, 직설적인 어조로 말을 건네셨다. "젊은이들만 맛난 거 먹고 분위기 좋은 데서 차 마시지 말고 우리도 좀 사주라." 농담 속에 진담이 산다고 하잖는가. 가슴에 화살같이 박힌 말이 상처 대신 거울로 다가왔다.

생각해보니, 어르신들께 식사 한번 대접해 드리지 못했다. 쇠뿔도 단김에 빼라고 밥을 사드리려고 말씀을 전했다. 네 분이 날짜 맞추는 게 녹록지 않았다. 밥도 밥이지만, 익산에서 주관하는 국화꽃 축제에 다녀오고 싶다고 말한다. 사람이 많은 곳에 무리 지어 돌아다닌 적이 없어 엄두가 나지 않았다.

어르신을 모시고 사람이 북적대는 곳에서 꽃구경이라니, 부담스럽고 귀찮아졌다. 순간 '다음'이라는 시제가 죽순같이 자랐다. 어머니와 마지막으로 외식했던 날이 떠올랐다. 이번이 아니면 다음이 오지 않을 수도 있다. 후회할 일을 다시 만들지 말자고 다짐했다.

국화꽃 축제장으로 가는 날, 차량 행렬이 꼬리를 많이 단 기차처럼 힘겹게 늘어져 있다. 둥둥 떠다니는 수다 사이로 가을의 속살이 보인다. 자연은 지그시 바라보는 사람에게 진심을 보인다. 자연뿐이겠는가. 사람도 눈길을 고요히 보내는 사람에게 속마음을 내어준다. 한 해를 열심히 살아내고 마무리하는 계절, 망설이지 않고 자신만의 색깔을 드러내놓았다. 자연이든 인간이든 모두 다 삶이 같은 색으로 물든다면 얼마나 권태로운 일인가.

축제장은 마지막 날 오후다. 걱정한 마음을 위로하듯 사람이 북적이지 않았다. 주차요원이 친절하게 안내했다. 입구에서 맛있어 보이는 도넛을 사서 간식으로 드렸다. 느린 걸음과 더딘 몸짓으로 도넛을 드시며 꽃길을 걷는다. 그 모습이 영락없는 소녀다.

꽃으로 만든 하트, 강아지, 말, 사람, 꽃마차, 꽃 대궐이 눈길을 사로잡았다. 거대하고 아름다운 꽃 천국, 우리는 꽃향기에 취해 나비같이 날았다. 수학여행 온 여고생처럼 카메라 셔터를 눌러댔다. 세상에서 꽃보다 아름다운 풍경이 있을까. 꽃이 빚은 풍경 앞에서 모두 젊은 날로 되돌아가 있었다. 추억이 없는 삶은 나이테 없는 나무와 같이 밋밋할 터.

네 어르신은 웃음꽃을 잠시도 내려놓지 않으셨다. 내일 당장 천국에 갈지 모르니 오늘 맘껏 즐기자 하셨다. 어르신의 웃음소리가 너무 커, 꽃구경하러 온 벌이 화들짝 놀라 줄행랑친다. 어쩌면 이름 없는 들꽃같이 살아오셨을 분들, 오늘은 국화 향기로 훨훨 날아다니시기를.

시간은 샛길로 오지 않는다. 시간을 향해 돌을 던지면 뒷걸음질이라도 치면 좋으련만, 어둠이 시나브로 왔다. 저녁을 무엇으로 사 드릴까 고민하다 분위기 좋은 갈빗집으로 향했다. 차에서 내리자 네 어르신이 한목소리로 음식값을 걱정한다.

숯불에 구운 고기를 잘라 앞접시에 올려 드렸다. "고기가 살살 녹

네" 하면서 맛있게 드시는 모습에 배가 불렀다. 각자 냉면까지 한 그릇씩 비웠다.

어르신들을 모셔다드리고 집으로 향한 길, 빨강 신호등 앞에서 차창을 내렸다. 밤바람이 선선하다. 무심히 올려다본 하늘, 영롱한 별과 눈이 마주쳤다. 그것은 어머니의 눈빛이었다.

"엄마, 먹고 싶은 것 있어?"

2022. 10.

별

별똥별 하나가 떨어졌다. 전화벨이 울린다.

보건소 직원이다. 나에게는 꼭 알려야 할 것 같아서 전화했다고. "가족은요?" 가족이 시신 인계를 꺼려 무연고자로 화장한다고. 잠시 눈을 감았다. 먹빛 구름이 비를 몰고 오듯 지난 일이 하나하나 떠오르기 시작한다.

가을 햇살이 기지개를 켜던 날, 목발을 지팡이 삼은 중년 남성이 남루한 차림으로 교회로 들어왔다. 가족은 없으며 몸이 아프다 말했다. 입을 옷과 먹을 게 필요하다며 횡설수설했다.

아무도 신경 쓰지 않는 사람을 차마 외면할 수 없었다. 우선 먹을 것과 입을 옷가지, 간단한 살림 도구를 사다 드렸다. 매주 차량으로 모시고 와 예배드렸다. 교회에서 일주일 치 먹을 반찬과 밥을 챙겨드렸다.

가끔 여자 교인에게 물건을 가져다주는 모습이 눈에 띄었다. 무릎담요, 핸드크림, 화장품, 또는 스타킹을 받았다는 사람도 있었다. 그가 마음이 따뜻하고 외롭다 보니 인정받으려는 욕구가 있어 그런가 보다 생각했다.

어느 날 갑자기 그가 구속되었다. 죄명은 절도, 초범이 아니었다. 습관적으로 편의점, 노점상에서 물건을 훔친 것이다. 생각해보니 여자 교인에게 인심 쓴 물건도 모두 훔친 것이다. 밉고 화나고 어이가 없었다. 그러나 가족이 없으니 어쩔 수 없었다. 2주에 한 번씩 교도소에 면회 가서 영치금을 넣어주었다. 아무도 찾아 주지 않는 그를 나 몰라라 버려둘 수는 없었다. 내 마음이 힘들고 괴로웠으므로.

일 년쯤의 세월이 흘렀을까. 연락을 받고 급하게 달려온 내 눈앞에, 응급실 주변 새 벽 공기는 축축했다. 붉고 푸른 경광등 불빛이 쓸쓸하게 화려했던 밤. 그는 폐지같이 구겨진 채로 구석에 팽개쳐 저 있었다. 한쪽이 심하게 마비되어 의사소통은 어려웠다. 나를 바라보는 그의 눈빛이 달그림자처럼 흔들렸다. 코끝이 한 방 얻어맞은 것처럼 아팠다. 빵과 우유를 건넸더니 질질 흘리면서도 한 손으로 허겁지겁 먹었다.

의사는 내게 그가 뇌졸중으로 쓰러졌다고 말했다. 이 병원에서 치료받고 있던 에이즈 환자라 말한다. 순간 너무 놀라 망치로 머리를 맞은 것 같았다. 심장이 토끼처럼 내달리며 성난 개처럼 컹컹 짖었다. 응급실에 있던 수십 쌍의 눈이 내 뒤통수에 붙어 나를 노려보았다.

그의 핸드폰을 뒤져 여기저기 연락을 해봐도 가족은 없었다. 어쩔 수 없이 몸이 묶인 채 그의 수발을 들어야 했다. 휠체어에 태워 화장실 가는 게 제일 힘들었다. 앞으로 무슨 일이 어떻게 닥칠지 몰라 불안했다. 교회에 알렸지만, 아무도 도와주는 사람이 없었다. 참담함이 어둠처럼 밀려왔다. 밤에 옆에서 지켜줄 보호자를 찾아야 했다. 고맙게도 아들이 와서 밤을 지새웠다.

내일은 바라는 방향대로 오지 않는 미로다. 동사무소와 파출소를 찾아가서 그의 가족 연락처를 물었다. 개인정보 보호법이 장애물이었다. 보호자가 원치 않으면 연락할 수 없다며 의미 없이 말했다. 앞이 캄캄했다.

구청과 시청에 전화해 도와주길 바랐으나 에이즈 환자를 대처하는 설명서가 없다는 말뿐. 수소문해보니 보건소에 에이즈 환자 추적 관찰하는 부서와 담당자가 있었다. 그들도 에이즈 환자를 대하는 설명서가 없어 어쩔 도리가 없다는 말뿐이다. 미친 여자처럼 소리 질러 화를 품어냈다.

나만 바라보던 그의 눈빛은 우울했다. 겨울 저녁 창가에 내리는 땅거미처럼 어둡고 쓸쓸했다. 알 수 없는 슬픔이 목구멍으로 달팽이처럼 기어 내려갔다. 그는 갯바위에 피어오르는 해무에 가려져, 유령처럼 살아가고 있었다.

한바탕 난리를 부리고 나니 보건소에서 전국적으로 그를 받아줄 수 있는 병원을 수소문했다. 얼마 후 경기도에 있는 요양병원에서 받아준다는 연락이 왔다. 구급차에 실려 가며 두려운 눈빛으로 나를 보던 그 모습이 마지막이었다. 그가 에이즈 환자라는 사실이 알려지자 모든 사람이 경악했다. 곱지 않은 시선과 생각으로 나를 바라보는 사람도 있었다.

고삐가 풀어진 지난 기억이 떼를 지어 스멀스멀 기어 나왔다. 산 아래 자귀나무가 진홍빛 꽃봉오리를 매달던 초여름, 그는 쓸쓸히 별이 되었다. 가슴속에 감추어진 알 수 없는 슬픔이 요동쳤다. 그는 먼지처럼 세상을 떠돌았다. 가족에게마저 철저히 외면당한 채 눈을 몰고 다니는 바람의 울음소리로 헤매었다. 내 손에 쥐어진 건 그가 남긴 사진 한 장뿐. 그의 아내와 세 딸이 환하게 웃고 있는 가족사진이다.

지금은 어느 땅에 떨어져 별로 잠들고 있을까.

인연

명절이 코앞에 있다. 송편을 가득 실은 트럭이 교회로 들어선다. 그분과 맺은 인연은 33년 전으로 거슬러 올라간다. 그때 우리는 큰 기업체에서 함께 일했다. 그는 노조 위원장을 맡아 힘이 없고, 부족한 약자 편에서 일했다. 항상 긍정적으로 생각하며 해맑았다. 둥글넓적한 외모는 시골 냇가에 있는 흔한 돌멩이 같아서 사람 냄새가 물씬 났다.

어느 날 아침 회의가 끝나고 그는 두려운 듯 망설이며 힘들게 말문을 열었다. 전날 밤 귀가하던 길에 차가 빗길에 미끄러져 택시와 충돌했다. 택시는 전봇대를 들이받았고 운전사와 승객은 상처를 입고 입원했다고. 그들은 머리가 아프다며 기약할 수 없는 병원 치료와 합의금을 요구했다. 돈을 모아 겨우 합의했다 말한다. 택시회사는 출고한 지 14일밖에 되지 않는 택시가 많이 찌그러져 새 차를 사 달라 요구했다. 그는 회사 직원 사이에 일어난 다툼을 해결하려 술을 조금 마셨다고 한다. 음주는 변명할 수 없는 올무가 되었다. 그날을 넘기면 구속된다며 풀이 죽어 있었다.

직원 대부분은 걱정했다. 그러나 달리 무슨 대책이 있겠는가. 평소 회사나 동료에게 깊은 신뢰가 있던 사람이다. 한 가정의 가장인데 구속이라니, 어떻게든 합의해야 할 것 같았다. 아무도 모르게 그를 찾아가 100만 원권 수표 다섯 장을 건넸다. "합의 보고 형편 풀리면 주세요." 그 당시 사고 택시 가격이 480만 원 정도 되는 엑셀이라는 차종이었다. 그와 친한 사이도 아니고 내 형편이 넉넉하지도 않았다. 그러나 인간으로서 같은 동료로서 당연한 일이라 생각했다.

IMF가 터지고 회사는 대기업에 합병되었다. 우리는 사퇴할 수밖에 없었다. 각자 삶의 길을 찾아 뿔뿔이 흩어졌나. IMF의 험한 파도 앞에 힘들지 않은 사람이 없었다. 내 삶도 쓰나미가 지나간 것처럼 많은 상처를 입고 너덜너덜해졌다. 하나님께 매달리며 그분의 말씀에 순종하며 살았다.

얼마나 많은 세월이 흘렀을까. 그분의 전화다. 수소문 끝에 나를 찾았다고. 사는 게 힘들었으나 그에게 내색하지 않았다. 그는 모든 걸 아는 눈치였다. 부안에서 떡 공장을 한다며 봉투를 내밀었다. 봉투 안에는 천만 원권 수표 두 장이 있었다.

나는 그때 교회 여전도 총회장직을 맡고 있었다. 교회를 크게 짓고 성도는 별로 없어 재정이 어려웠다. 주일에 성도들 식사하는 쌀과 찬거리와 전도할 때 필요한 물품을 내가 감당하려 애썼다. 이런 얘기를 듣고 그는 모시 잎 송편을 두 트럭이나 교회로 보내주었다. 냉동고가 부족해 각자 집에서 저장했다. 병원, 요양원, 경로당, 상가, 어느 곳이든 떡을 나누며 전도했다. 해마다 쌀을 풍성하게 보내줘 교인이나 주변 사람과 나눠 먹었다.

지금은 다른 사업을 하고 있다. 추석과 설에는 지인의 떡 공장을 통해 한 트럭씩 떡을 보내준다. 되로 주고 말로 받는다고 했던가. 되는커녕 누군가에게 한줌도 내어주기에 우리 마음이 너무 인색할 때가 많다. 타인의 앓는 아픔에 대해 손길을 선뜻 내어주는 게 쪼잔할 때도 있다. 때로는 내어준 마음이나 내민 손을 잡고 감사하다고 말하는 것도 인색하다. 우리 삶의 우물에 내어줌과 감사가 메마른 시대이다.

산은 메아리가 살고 있어 아름답다. 그는 되로 받은 것을 나에게 말로 갚았다. 은혜는 한 번쯤으로 끝내도 된다. 그는 달랐다. 아버지 또는 오빠가 줄 수 있는 사랑을 조건 없이 여전히 주고 있다. 강은 가물 때 멎지 않고 흐르므로, 강으로서 이름값을 한다. 울퉁불퉁하고 긴 삶의 길을 걸어오면서, 생의 무게로 목마른 적이 많았다.

인생은 어떻게든 서로 묶일 수밖에 없다. 살아온 세월의 나이테나 처지와 상관없이, 엮인 사람이 스승이나 벗이 된다. 잘못 엮이면 눈도 마주치기 싫은 원수가 된다. 나는 그의 삶을 신뢰하고 존경한다.

생의 한 페이지를 함께 할 수 있음이 감사하다.

2023. 5.

2부

슬픔이 기쁨에게

"이귀자 회원님 한 해 동안 후원해 주심을 감사드립니다."

연말이 되니 여러 곳에서 감사 문자가 온다. 사람들은 내게 생김새가 강하고 차갑다고 말한다. 연두부 같은 속내는 보이지 않으니, 평생을 들어온 소리지만 항상 낯설다. 여리고 거절 못 하는 마음 때문에 힘들고 손해 본 적이 많다. 젊은 날에는 보증을 서주어 집 한 채를 날린 적도 있다. TV에서 아프리카 어린이의 삶을 보다가 가슴이 미어져 20년 넘게 후원하고 있다. 장기기증 서약을 하고 후원한 지도 오래되었다. 세상을 아는 건 힘들지만 더불어 사는 건 벅찬 기쁨이기에.

전쟁으로 고통당하고 학대받는 아이도 도움을 주고 있다. 단체의 봉사자가 길거리에서 설문 조사만 해달라 졸라 댄다. 거절하지 못하는 마음은 실상을 듣다가 쪼들리는 생활을 잊어버린다. 여유가 없으면서 후원한다. 후회보다는 뿌듯함이 앞서니 잘한 일이라 생각한다.

신앙생활 하면서 "네 이웃을 네 몸처럼 사랑하라."라는 말을 실천하려 애썼다. 긴 세월 살아내며 산더미 같았던 빚을 다 갚았다. 정신 차려보니 젊음은 시들고 몸은 병을 얻었다. 가난해도 서럽지 않다. 기댈 곳 없던 등허리로 스치는 바람이 구멍 숭숭 뚫린 가슴으로 들어온다.

남에게 베풀어야 기쁘고 편안했던 이유는 외로움의 보상심리라 생각한다. 나눠주고 섬기는 것은 여유가 있어서가 아니다. 외줄에 내날려 다짐하고 다짐했던, 어금니 악물고 결심했던 눈물이다. 예수 믿는 사람으로서 말씀에 순종하기 위해서다. 어려운 세월을 살아왔던 내게 몇 분의 은인이 있다. 그들이 사랑하고 섬기는 법을 행동으로 가르쳐 주신 거다.

한 해의 마지막 날 아들은 여자친구와 해맞이 여행에 들떠 있다. 멀리 있는 딸도 가족과 함께 여행지에 도착했다 말한다. "요즘 아빠 만나니?", "아니요." 어색한 침묵이 흐른다. 가끔 안부를 묻는 내게 맛있는 것을 함께 먹었다는 말을 자주 하곤 했다. "아빠는 잘살고 있으니 엄마나 즐겁게 사세요" 했었다. 이럴 땐 뾰족했던 근심 하나가 뭉툭해지곤 했다. 그런데 귀찮은 듯 무표정이다.

갑자기 마음이 무거워진다. 다시 물었다. "요즘 뭐 먹고 사니?" 대답이 없다. 시내에서 크게 가게를 하다 어렵게 접었다는 소식은 알고 있다. 헤어진 후 처음으로 아들이 아파 병원에서 마주쳤다. 어색한 짧은 대화였으나 행색은 나쁘지 않았다. 퇴원할 때 너무 많이 나온 병원비를 보며 우리는 놀랐다. 아무런 도움을 주지 못하는 아버지를 잠깐 원망하는 것 같았다.

그 이후에 돈 있는 부모와 없는 부모에 대해 언쟁 아닌 언쟁을 했다. 겨울 허수아비 같은 아빠를 보며 숨겨 왔던 아들의 마음속 원망이 내 감정에 스며들었다. 말문이 막히고 화가 났다. 이유를 알 수 없는, 아들과 딸에게 미안함이 피멍 든 가슴에 짙게 채색되었다. 내 또래 주변 사람은 자식에게 많은 물질을 물려준 걸 자랑한다. 가난한 우리는 물려줄 게 없다. 이런 환경에서도 잘 성장한 자식을 보며 많은 사람이 복을 받았다고 말한다.

아들이 중얼거린다. "삐졌나 봐. 지난번 돈을 부탁했는데 내가 모른 체했어요."라고 말한다. 가슴에 먹물이 스며든다. 금액을 물으니 큰돈도 아니다. 이유를 알 수 없는 허망함이 밀려왔다. 돈이 없어 자식에게 부탁한 마음과 거절한 자식의 마음이 송곳으로 상처를 후빈다. 알 수 없는 그 무엇이 목젖을 지그시 누르는가 싶다. 그때 큰소리가 튀밥처럼 튕겨 나왔다. 오죽하면 부탁했겠냐고 자식이 싹수없다고. 창밖은 찬바람이 미친 듯 날뛰고 있다. 순간, 누구를 돕는다고 자신을 속이며 살았던 내 모습이 갑자기 가증스럽고 부끄러웠다.

자식을 끔찍하게 사랑했던 사람이다. 그런 마음을 알기에 단 한 번도 아들에게 아버지를 부정적으로 말하지 않았다. 키 크고 잘생기게 낳아줬으니 미워하지 말고 잘해야 한다 했거늘. 내가 잘못 키운 걸까 아니면 가난하게 살아서 무뎌진 감정을 갖게 된 걸까. 자괴감이 드는 밤이다.

밥을 굶지 않는다면 나보다 외롭고 힘든 사람들과 함께해야지 생각하며 살았다. 누구를 돕는다고 한 행동이 부끄러워 어디론가 숨고 싶은 긴 밤이다. 헤어진 후 처음으로 장문의 문자를 보낸다. "내가 자식을 잘못 키운 거 같아. 이유는 없어 연말이니 필요한 곳에 쓰길 바라네. 앞으로 큰돈은 없지만, 꼭 필요할 때 부담 갖지 말고 내게 말해줘, 자식에게 상처받지 말고, 건강에 힘쓰고 즐겁게 살아가길."

한 생의 많은 날이 지나가고 슬픔이 기쁨의 품에 안긴다.

2024. 12.

담쟁이

담쟁이가 벽을 타고 기어오른다.

장맛비가 내리는 날, 여러 문우와 식사를 하고 차를 마신다. 각자의 유년 시절을 얘기하며 이야기꽃을 피웠다. 삶의 원초적 뿌리가 되었던 그 시절 추억이 파편처럼 세상 밖으로 튀쳐나온다. 조용히 침묵할 수밖에 없다. 평생을 그래왔듯이,

남이 보는 우리 집은 모두가 부러워하는 부자였다. 정부 쌀 보관 창고업을 하시는 아버지 덕에 이층집과 자가용, 가정부까지 있어 모든 게 완벽했다. 뜰 안에는 누군가 애지중지 보살피고 가꾸는 예쁜 꽃과 이름 모를 나무가 뽐내며 살았다. 커다란 연못에는 무료함을 달래듯 금붕어가 흘끗흘끗 세상 밖을 훔쳐보곤 했다. 외로움을 달래려 매일

음악을 들으며 기타를 쳐대곤 했다.

나만 없었으면 완벽한 행복이 존재하는 곳이다. 이유는 알 수 없지만. 그곳에는 풀을 뽑아주고 가지를 다듬어 주며 거름을 주는 주인이 있다. 비바람이 불 때면 쓰러질까, 다칠까, 지지대를 만들어 나무를 묶어 주곤 했다. 내게는 단 한 번도 따뜻한 손길이 다가오지 않는다. 쓸모없는 담쟁이가 다른 나무를 휘감고 오를까 봐 베어버릴 궁리를 하는 것 같다.

어느 날 나는 나무도 꽃도 아니라는 걸 알고야 말았다. 혼자 서 있을 뿌리도 몸통도 없다. 계절이 옷을 갈아입기도 전에 날카로운 낫이 나의 몸통을 자르고 억센 그 무엇이 뿌리를 우두둑 뽑았다. 발버둥 쳤으나 소용이 없다. 잘게 벤 듯한 내 몸뚱이를 둘둘 말아 담장 아래 던졌다. 화가 잔뜩 나서 담벼락까지 쫓아온 해님이 놀라서 보고 있다. 몸통은 저 멀리 내동댕이쳐졌다. 그렇게 거부할 수 없는 운명을 받아들여야 했다. 내 마음에 눈길 한번 주지 않은 채, 평범할 수 없는 삶을 선물로 주신 아버지는 평생 미안하다는 사과 한번 안 하고 생을 마감했다.

굽이굽이, 터덜터덜, 울퉁불퉁, 너덜너덜한 길을 걷다가 진열장에 비친 내 모습을 자세히 보았다. 앉은뱅이였다. 나에게 있는 건 가녀리고 보잘것없는 더듬이뿐이다. 하얀 달이 만삭으로 드러누워 졸고 있을 때, 수많은 별이 내려와 하늘나라 얘기를 들려주곤 했다. 나는 목놓아 울었다. 소쩍새는 손수건을 꺼내 주고 달짝지근한 밤바람은 내 눈물을 닦아 주었다. 게슴츠레 눈을 뜬 달이 뒤척이는 틈을 타서 별은 어깨동무로 사다리를 만들어 주었다. 은하수는 가을 옥수숫대 같은 나를 엄마 품처럼 따뜻하게 안아 주었다. 잠이든 영혼은 신비한 여행을 하며 날아다녔다.

내 영혼이 산속을 헤맬 때 산 아랫마을로 내려오는 햇살을 마중 나간 적이 있다. 거미줄에 매달린 이슬이 그네를 탔다. 맑고 영롱한 모습으로, 은하수를 타고 부둣가를 여행했다. 바다는 움직일 힘도 없는지 미동이 없다. 애처롭게 메여있는 수많은 작은 배 사이를 날아다닌 적도 있다. 콧속을 자극했던 부둣가 비린내와 갈매기의 알 수 없는 아우성이 물거품에 부서진다.

청춘을 다 살아낸 늙은 여자가 막걸리를 사이에 두고 두드려 대던 젓가락 장단에 몸을 흔들어 대고 싶었다. 촌스럽게 문질러 바른 붉은 입술 사이로 스며들던 눈물 같은 웃음을 보았다. 그렇게 외롭고 고독하게 우주의 한 귀퉁이를 상상 속에 홀로 헤매며 살았다. 기뻐서 웃었던 날보다 왜 울어야 하는지도 모르고 울다가 잠들곤 했다. 우주에 존재했던 건 오직 나만을 사랑하다 떠나가신 어머니뿐.

파도처럼 부서지는 장밋빛 노을이 아름답던 날, 난 볼 수 있고 느낄 수 있었다. 나도 물들었다는 것을,

담쟁이, 험한 생의 절벽을 오늘도 쉬지 않고 오른다.

2024. 9.

그날 나는 슬픔도 배불렀다

"네 살봇이 아니야." 어디선가 들리는 소리.

보지 말아야 할 것. 아니, 보아서는 안 될 것을 보고 돌아서 오는 길은 멀다. 부들부들 사지는 경기를 일으킨다. 죽음의 공포를 알아차린 짐승처럼 온몸의 표피가 일제히 일어섰다. 이성의 끈을 놓지 말아야지. 실타래처럼 얽힌 갈망과 사막의 태양처럼 달아오르는 욕구가 지속해서 충돌한다.

새벽하늘에 아직 사위어지지 않은 하현달, 창백한 그 얼굴이 자꾸 무언가를 얘기하려 안절부절못한다. 따뜻한 가슴을 내어줄 사람을 그리며 살았다. 내면에 박힌 깊은 상처와 마주하는 시간, 알 수 없는 설움이 가슴을 헤집고 들어온다. 내 몸 안쪽으로 아물었던 상처 자국이 선명하다. 폭포수처럼 솟구치는 설움은 가슴을 쥐어짜건만 신기하게 눈물이 흐르지 않는다.

태풍이 몰고 온 바람이다. 찢긴 이파리는 이빨 자국이 선명하다. 인간을 이해한다는 건 어떤 걸까. 사람을 신뢰하지 못하는 내 잘못인가. 쥐 한 마리가 다가와 내 얼굴을 다 갉아 먹었다. 나 대신 벌레에게 몸을 내어준 나무는 가지가 무너지고 있다. 하고 싶은 험한 말을 각혈처럼 토해 냈다. 노여움이 커지는 건 약해졌다는 거다. 서운한 게 많다는 건 너그러움이 죽었다는 거다. 그래도 나 자신이 미워 더 많은 피를 쏟아내고 싶다.

남은 삶이 푸른 힘을 잃지 않도록 간섭하는 그 무엇이 영혼을 휘감고 가는 걸 안다. "엄마 사랑해요." 자식들이 속삭이는 게 들린다. 살다 보면 살아진다고 말했던 불행했던 사람은 어떤 길로 걸어갔을까. 머리에서 품어져 나오는 고통을 어떻게 싸매며 살았을까. 나처럼 이해하기 힘들다며 미친 여자 소릴 들었을까, 사람의 손에 이끌려 답답하게 살다 스스로 목숨을 끊어버리는 화초가 생각난다. 뿌리가 더 괴로웠으리.

서럽고 외롭지 않았다면 더위와 비를 견디며 배롱나무는 구월의 꽃을 피우지 못했으리. 죽은 짐승의 내장처럼 슬픔이 드러난다. 꽃잎은 눈물을 글썽이는 나를 알아보고 손을 흔든다. 눈동자가 품고 있던 눈물을 속눈썹이 지그시 잘랐다. 홍수에 흙둑이 무너지듯 닫혀 있던 마음이 허물어진다. 바람은 어찌하여 잠시 내게 다정할까.

햇살은 먹구름에 가려져 있다. 노년으로 가고 있는 내 모습처럼, 저녁을 준비하는 새의 분주한 목소리가 눈물을 마르게 한다. 사람의 인연에도 가을이 온다는 걸 안다. 비를 피할 수 없던 날이 지나기 전, 폭풍이 몰아치는 날이 또 찾아왔다. 흙먼지 몰아치는 신작로에 서서 두 손으로 눈을 가리며 울었다. 들판 저 멀리 무지개 뜨는 날을 기다리며.

세월은 인간을 깊게 하는 것, 내 영혼을 욕되지 않게 멍석에 말아 새끼줄로 묶어 놓았다. 그것은 엄마가 주신 자존감이다. 비겁하지 않았으며 비굴하지 않았다. 더 많이 원통했으며 울어야 했다. 타인을 피해 준 적 없으며 용서하며 살았다. 세월이 모든 걸 펼쳐 보일 것을 믿으며. 정녕 세상 끝날까지 깨닫지 못한다 해도 억울해하지 말자 다짐했다. 바보처럼. 엄마가 선물로 주신 여린 마음의 씨앗을 사랑한다. 작고 초라한 씨앗이 싹이 터 '시'를 읽으며 수필을 감상하고 있다. 아무도 없는 곳에 이름 없는 들꽃으로 다시 피어났다.

혼자여서 늘 외로웠을 그림자를 사랑한다. 눈물 속 반짝이는 영롱함이 나를 숨 쉬게 한다. 앞으로 나아가게 한다. 불안한 미래를 맑은 영혼 안에 품는다. 어지럽혀진 마음의 뼈를 고르게 수습한 뒤, 한 생의 절반이 넘은 시간을 걸어간다. 설렘에 피어난 꽃들이 슬픔 속에 지던 날.

슬픔도 배가 부른 날이다.

2024. 9

행복했다고 말하리라

누구나 본질을 향한 회귀본능, 순리에 대한 아쉬움 때문에 울겠지.

수술한 지 6개월이 된다. 암 덩이가 전이 되었는지 전반적인 검사를 하자고 병원에서 부른다. 큰 병원은 사람이 북적이며 미로 같아서 싫다. 아들의 병간호와 내가 암을 수술한 후 북적대는 병원이 이제 낯설지 않다. 예약한 시간보다 일찍 도착했다. 어슬렁거리다가 커피숍에 앉았다. 주위를 둘러보니 이곳의 삶이 눈에 들어온다. 타인의 입장이 되기 전에는 잊고 살아가는 것, 감사함이다. 많은 사람이 각자의 병명을 달고 혼자, 혹은 보호자와 개미처럼 분주하다.

채혈실에서 피를 뽑고 초음파와 여러 가지 검사를 줄줄이 마친 후 복도로 나왔다. 휠체어에 앉아 타인의 도움으로 움직이는 사람, 의식

없이 침대에 몸을 부린 사람이 눈꺼풀 사이로 아른거린다. 중증 환자들 곁에는 쓸쓸한 죽음 냄새가 난다. 아쉬움이 뒤 섞인 삶의 시간이 표정에 잘 비벼져 있다. 먼저 떠난 사랑했던 사람이 기억 저편에 구겨져 있다. 걷고 있는 내게 검은 안개처럼 다가온다.

복도 한쪽에 여성 두 분이 책상을 사이에 두고 앉아 있다. 한쪽 모서리에는 '사전 연명 의료 등록 상담'이라는 명패가 보인다. 평소에 꼭 등록해야지 생각했다. 걸음을 멈춘다. 책상 아래 의자 목덜미를 잡아끌어 자리에 앉았다. 예쁘거나 화려하지 않은 밝은 표정의 여자가 흰 여름 호박꽃처럼 웃는다.

"연명치료 하지 않으려고요." 멋없이 뱉어내는 탁한 저음에 친절하게 응답한다. 이름과 생년월일을 확인하며 서류를 작성한다. 약간은 조신스럽고 미안함을 억양에 실어 설명한다. 생명이 얼마 남지 않았다고 판단할 때 필요한 서류다. 기계를 의지해 삶을 연장할지, 임종 직전에 여러 명의 의사가 판단하고 가족에게 알린다. 꼭 본인의 뜻을 전하라고 한다. 죽음을 앞두고 보호자와의 언쟁을 피하려는 사전 조치다. 생명을 불필요하게 연장하는 걸 원하지 않기에 몸의 유언장에 서명한다.

25년 전이었을까, 예수병원에서 실시하는 호스피스 교육을 받았다. 어머니를 일찍 떠나보낸 후 세월이 갈수록 불효한 게 사무쳤다. 밥을 벌어야 한다는 핑계로 곁을 지키지 못했다. 외롭게 떠나간 어머니께 속죄하고 싶었는지 모른다.

말기 암 환자의 심리상태를 살피며 공감한다. 두려움을 이기고 마지막을 받아들일 수 있도록 보살피는 일이다. 많은 봉사자는 믿음이 깊고 나이가 지긋한 권사님이었다. 삶이 안정되고 시간이 여유로워 자부심 또한 대단했다. 오래 봉사하던 분이 잠깐 미국에 가셨다는 간호과장님의 전화였다. 젊었던 내가 맨 앞에서 열심히 교육받는 모습이 인상 깊었다 말했다. 겁이 나고 걱정도 하였지만, 하나님 뜻으로 생각하고 순종했다.

수요팀이었던 나는 오전에 모여 기도하고 환자를 배정받는다. 병명과 인적 사항 가족관계를 확인한다. 환자의 손톱이나 발톱을 깎아드리고 퉁퉁 부은 다리를 주물러 드린다. 이런저런 대화를 나누기도 한다. 우리의 무의미한 1주일은 그들의 삶과 죽음이 교차하는 길목이다. 한 주일 후에는 사망했다는 말과 함께 다른 환자를 배정받는다. 매주 허망해야 했으며 생각의 늪으로 빠져들었다. 어머니 외에는 보지 못했던 많은 죽음과 함께했다. 그리고 가까이 있음을 느꼈다.

호박죽 봉사를 하시던 유명한 목사님 부부를 거기서 만났다. 매주 환자나 보호자에게 손수 만들어온 따뜻한 죽을 받아 무료로 퍼주었다. 오후에는 기독교 연합회에서 합창단이 찬양 봉사를 온다. 이 팀에 우리도 합류했다. 7층 복도에서 시작해 지하 병동까지 차례로 계단을 내려가며 찬송가를 부른다. 복도에 울리는 찬송가 소리에 많은 환자와 보호자의 간절함이 함께한다.

눈물이 저절로 음률에 실리고 목구멍이 뜨거워졌다. 찬양 한 곡이 끝나면 막내인 나는 잽싸게 오르간 다리를 접어 계단을 내려갔다. 무거운 줄도 몰랐다. 단원이 내려오기 전 연주할 수 있도록 오르간 받침을 펼쳐 세워야 했다. 나방이 나비가 되어 허물을 벗듯 영혼은 자유롭고 행복한 시간이었다.

마지막 교육을 받은 날 자신에게 보내는 유언장을 썼다. 기억은 희미하지만 어린 자식 걱정이 많았으리라. 장례식장에서 관속으로 들어가 입관 체험을 했다. 장기기증을 서약했으며 후원도 약속했다. 약속은 지금까지 지켜지고 있다. 삶과 죽음에 대해서 너그러워진 걸까, 죽음에 대한 인식이 달라졌다.

의식 없는 사람에게 주렁주렁 기계를 매단다. 목에 구멍을 뚫고 튜브에 액체 영양식을 주입한다. 산소마스크로 코와 입을 막는다. 사랑하는 가족과 작별 인사도 하지 못하고 떠나야 한다. 고통스럽고 슬픈 죽음을 맞이하고 싶지 않다. 겸허히 본질을 향한 순리를 받아들여야지.

1주일 후 결과를 확인하러 발자국을 두고 나왔다.

2024. 8.

다시 살아야 할 이유

기억은 사라지는 것이 아니라 우물처럼 깊다.

유명한 트로트 가수가 음주 후 사고를 냈다. 뺑소니하고 운전자를 바꾸어서 거짓말로 포장했다. 잠깐 조사하면 다 들통날 일인데, 꿩이 천적을 피해 머리만 수풀에 처박은 꼴이 되었다. 결국, 수갑을 차고 자신을 믿고 사랑했던 대중 앞에 섰다. 많은 사람이 비판하고 안타까워한다. 그리고 구속되었다.

세월이 아주 깊어져 사라져 버린 기억 언저리, 가시 하나가 남아 자꾸 찔러 댄다. 아직 채 녹지 못한 잔설이 구석에 남아 있던 밤이다. 남편의 연락을 받고 파출소에 도착했다. 정지선에서 차가 밀려 앞차에 닿았다고. 접촉을 감지 한 여자가 내려보니 술 냄새가 나서 112에 신고했다는 거다. 매일의 사건과 사고 속에서 우리는 이별을 향해 가는 열차를 탔다. 가속이 붙어 정신이 혼미한 채 떠밀려 가고 있었다. 분명 정거장에서 올라탔는데, 천 리 길을 시작하는 곳이었다.

음주를 측정하니 알코올 농도는 면허 정지였다. 벌금이 부과될 거라는 말을 듣고 파출소를 나왔다. 신고한 여자는 남편 차가 자기 차에 닿았으니 접촉사고라며 합의금을 원했다. 음주운전을 하여 아무리 사정해도 막무가내였다. 우리 부부의 멀쩡한 허우대 탓인지, 겉만 화려한 중형차 탓인지 씨알도 안 먹혔다. 냉기 가득한 그녀의 표정과 눈빛은 지금도 섬뜩하다.

다음날 다방에서 만나 융통해온 백만 원을 주고 합의했다. 참으로 기가 막힐 노릇이다. 대화 없는 시간이 흘러갔다. 차 열쇠를 달라는 그가 죽이고 싶게 미웠다. 면허 정지 기간인데. 매일의 불화가 일상이 된 터라 말리지 않았다. 아니 말린다고 들을 사람도 아니다. 껍질만 남은 왕겨처럼 텅 비어버린 서로의 마음을 확인하는 시간의 연속이다. 목선이 가늘어진 겨울 햇살은 일찍이 집을 향해 달려가고 있다.

검찰청이라며 전화가 왔다. 모든 삶의 터전에 붉은 딱지가 붙었다. 하루 먹을 밥을 걱정하는 현실에서 또 무슨 일이 터진 걸까? 심장이 바닥으로 툭 떨어진다. 자식들의 눈망울을 외면할 수 없었다. 주저앉아버린 마음을 주섬주섬 챙겼다. 급하게 택시를 타고 달려갔다. 검찰청의 칙칙한 사무실에 남편은 발을 꼬고 의자에 앉아 있다. 전혀 위축되지 않은 뻔뻔한 모습으로.

핏기 없는 얼굴로 숨을 몰아쉬는 나를 보고 안심하는 모습이다. 멍하니 마른침을 삼키는 내게 기다렸다는 듯 앞에 있는 남자가 뭐라고 조잘거린다. 자동차 세금 징수원이 주차된 차를 무작위로 단속했다. 그리고 우리 차를 발견했으며 남편의 신원 조회를 했다. 음주운전으로 면허 정지와 벌금을 내지 않았음이 들통난 것이다. 여섯 시까지 벌금을 내지 않으면 교도소로 이송된다는 거다.

가만히 있다는 건 침묵과 절제로 찰나를 잡고 있다는 거다. 덩치가 커다란 시계가 다섯 시 사십오 분을 향해 헐떡이며 걷고 있다. 남편과 눈도 마주치지 않았다. 남자의 말을 뒤로한 채 밖으로 나왔다. 어둠은 거미줄처럼 마지막 겨울 햇살의 꼬리를 둘둘 말고 있다. 어디로 가야 할지 텅 비어 버린 머릿속으로 찬바람이 헤집고 들어온다.

검찰청 내리막길을 터덜터덜 걸어 내려왔다. 무거운 신발만 벗으면 홀가분할 것 같다. 무릎 관절이 자꾸 헉헉 접히려 했다. 어디 가서 15분 안에 돈을 구할 수 있을지, 삶이란 죽음보다 질겨서 흡혈귀처럼 사지의 기운을 쭉 뽑아가고 있었다.

집에 돌아오니 여섯 시가 훌쩍 지났다. 시간은 멈출 이유가 없고 그는 상상만 해도 두려웠을 교도소로 이송되었을 거다. 어둠 속에 쭈그려 앉은 내게 절망이 떼거리로 다가와 있다. 산사태처럼 무너져 내리는 불행이 운명처럼 달라붙어 있다. 삶이 너덜거리고 진저리가 나서 돈 부탁할 사람이 없다. 이미 기울어진 가정이 파탄 날 지경이라는 건 주변 사람이 먼저 알고 등을 보였다.

그의 누나에게 전화했다. 사정을 얘기하니 나를 위로하는 건지 누나로서 동생을 책망하는 건지 혼잣말로 동생 욕을 해대더니 이따 통화하자는 얘기만 했다. 이후로 전화를 받지 않았다. 긴 하루가 비통하게 흘러갔다.

다음날 교도관이라는 사람이 전화했다. 아무리 봐도 교도소에 올 사람도, 사건도 아닌데, 남편을 이렇게 내버려 두는 아내가 어디 있냐며 나무라듯 말했다. 옳은 말이다. 막막한 순간, 불현듯 과거에 임대했던 건물 사장님이 스쳐 지나간다. 사정 얘기를 듣고 두말없이 돈을 빌려주셨다. 법원에 가서 벌금을 내니, 밤 아홉 시에 풀려난다 했다. 따뜻한 밥에 막걸리 두 병과 두부를 식탁에 차려놓았다. 교도소 앞에는 보초병이 추위를 견디며 서 있다.

큰 철문이 열리고 그가 걸어 나왔다.

2024. 10.

변명

두 갈래 길에서 어디로 가야 할지 망설였다.

엄마는 사월 초파일이 되면 쌀과 초 뭉치를 싸 들고 절에 가셨다. 홍등가처럼 화려한 등들이 줄에 꼬리를 달고 아름다움을 과시했다. 법당에 들어가 스님이 뱉어 내는 가락과 목탁 소리에 맞춰 두 손을 모으고 허리를 굽혀 연신 손바닥을 비벼댔다. 지루했던 나는 강아지가 코를 벌름거리듯 이리저리 킁킁거리고 경내를 돌아다녔다.

긴 장마로 울타리와 집이 무너지듯 내 삶도 무너지기 시작했다. 천둥소리에 화들짝 잠이 깼다. 새벽 4시가 넘었는데 그는 집에 없다. 집과 자동차가 압류되고 세간살이마저 빨간딱지가 붙었다. 회사 급여까지 압류되어 아무것도 할 수 없이 집에 있었다. 함께 살고 있지만, 각자의 그림자만이 존재했다. 도살당하는 걸 알면서 갇혀있는 개처럼 쭈그러져 있었다.

불길함이 현실과 마주할 때 벨이 울린다. 낯선 남자 목소리, 우리 집 위치를 물었다. 그가 많이 다쳤다는 거다. 반딧불만 한 불빛도 없던 가슴이 무섭게 떨린다. 얼마 지나지 않아 부축을 받고 집에 들어오는 모습에 경악했다. 이빨이 다 뽑히고 여기저기 찢겨 피가 낭자했다. 벌어져 있는 입속은 붉은 핏물이 넘쳐 뚝뚝 떨어지고 있다. 억장이 무너져 자초지종을 묻기도 전에 남자는 사라지고 없다.

"가난이 앞문으로 들어오면 사랑이 뒷문으로 도망간다."라고 하더니 사랑은 어느새 도망가고 미움과 원망뿐이다. 날이 밝았으나, 병원 갈 돈이 없어 한 달이 넘도록 앓으며 아파했다. 절박하며 무기력했던 그때의 내가 긴 세월 미안하고 밉다. 낙인처럼 내 가슴에 흉터로 남았다. 그도 해결할 수 없는 자신이 괴로웠을 거다. 누구보다 가정의 소중함을 아는 사람이다. 점점 늪에 가라앉고 있는 현실이 불안해 술을 마셨겠지. 어디로 갈지 방향도 못 잡고 빗길에 헤매다 사고가 난 거다.

천둥소리와 밀려오는 통증에 정신이 들었다고. 장대 같은 비를 맞으며 멀리 보이는 십자가를 등대 삼아 기다시피 걸어갔단다. 새벽예배를 드리러 모였던 성도가 피를 뒤집어쓴 남자가 귀신인 줄 알고 공포에 떨었다. 목사님이 집을 묻고 이름을 물어도 인사불성인 그가 내 번호만을 웅얼거렸다니. 의지와 상관없이 고독하게 살아왔던 서로를 잘 알기에 미워할 수 없었다.

몸이 어느 정도 회복되자 감사 인사를 하러 저장해둔 번호를 눌렀다. 순간, 맑고 영롱한 찬양 소리가 전화기 저편에서 굴렀다. 내 귀속을 헤집고 들어와 온몸을 더듬고 사라졌다. 신비한 느낌이었다.

찾아간 곳은 생각과 달리 장애인을 섬기는 교회였다. 어색하고 낯섦을 안고 감사 인사를 드렸다. 울퉁불퉁하게 생기신 목사님이 "여기 보통 아닌 여자가 왔네." 손가락으로 나를 가리키며 내뱉은 첫마디다. 그랬다. 세상에서 부러울 게 없었다. 인정받는 직장, 좋은 집, 좋은 차, 좋은 옷이 가치 기준이었던 나였다.

그 남자의 눈동자가 눈물 속에 잠길 때 "내가 행복하게 해줄게." 단순한 인간의 말과 생각으로 맹세했다. 시부모님에게는 딸 여섯을 낳고 품에 안은 귀한 아들이다. 초등학교 때 어머니가 돌아가시고 중학교 때 아버지마저 그를 지켜주지 못하고 돌아가셨다. 늦가을 감나무 아래의 낡은 평상에 앉아 막걸리를 마셨다. 밤이 늦도록 외롭게 걸어왔던 서로의 길을 얘기했다. 가난해서 불행했던 이름 없는 예술가의 지지대와 그늘이 되고 싶었다. 인간의 원초적 슬픔을 공감 한 단 한 사람이었기에.

목사님과 약속을 지키려 주일날 애들을 데리고 교회에 갔다. 긴 의자에 앉아서 본 적도, 만난 적도 없던 하나님을 마음속으로 부르자 봇물 터지듯 눈물이 쏟아졌다. 서러워서 우는 건지 절망스러워서 우는 건지 알 수 없는 눈물이었다.

내가 해결할 수 없는, 해결하지 못한 우주만 한 화산 앞에 서 있었다. 메말라 버린 작은 가슴을 쥐어짜며 회개와 함께 나도 모르게 살려달라 애원했다. 성도는 장애인과 가족뿐이다. 밥하고 빨래하며 목욕까지 씻기는 사모님과 성도에게 마음을 빼앗겼다. 진실로 사랑을 실천하는 예수 믿는 사람을 만난 거다.

심방을 다녀가신 목사님은 어떻게 궁핍함을 아셨는지 후원받아 오는 길에 우리 집에 쌀가마를 내리셨다. 사모님은 남이 볼세라 반찬을 만들어 차에 실어 주셨다. 몇 안 되는 성도는 우리의 형편을 알기에 물심양면 도와주었다. 참으로 신기한 일이 계속 일어났다. 피할 바를 주시더니 마침내 그분이 계획했던 연단의 길로 불러들였다.

주님의 말씀은 행복한 가정을 이루라 하셨다. 그러나 우리는 두 갈래 길에서 각자의 길을 선택했다. 아이들을 데리고 나오며 "끝까지 책임지지 못해 미안하다." 말했다. 그 길이 내가 선택한 길인지 주님이 이끄신 길인지 알 수 없어 많은 시간 고통 속에 방황했다.

오늘도 선택한 그 길을 가고 있다.

2024. 10.

그믐달

서서히 얼어가는 겨울 강가, 홀로 외로이 중심 잡고 서 있는 외다리 철새, 중심을 잃으면 쓰러질 텐데.

수술하려고 3개월을 기다렸다. 암 병동 입원실이 부족해 몇 시간을 대기한 후 겨우 5인실에 들었다. 다행히 창가에 자리가 나서 짐을 푼다. 이곳은 보호자도 들어갈 수 없는 병실이다. 내일 수술 후 병실이 나면 옮겨 준다고. 내 주장을 내세울 수도 없지만 그러고 싶지도 않다.

수면제도 먹을 수 없고 당장 오늘 밤을 어떻게 보낼지가 막막하다. 옆에도 앞에도 수많은 기계를 주렁주렁 쇠사슬처럼 매달고 있다. 침대에 몸을 부려버린 사람들의 앓는 소리가 정처 없이 떠다닌다. 저녁부터 금식이다. 환자복으로 갈아입으니 숨길 수 없는 병자다. 병원의 밤은 빨리 오고 어스름은 거미줄처럼 병동으로 내려앉는다.

이어폰을 꽂고 음악을 듣다가 책을 보았다. 정신이 갈 곳 잃고 흩어져 복도로 나왔다. 다른 병동과 다르게 넓고 깨끗하다. 고요하다. 복도 중간쯤 엎드려 있는 의자에 궁둥이를 앉혔다. 통유리창 밖 아래 손바닥만 한 대나무 화단이 있다. 바람도 피해 가는 건물 사이 허망하게 서 있는 것이 힘들었나 보다. 이파리도 싱싱함을 잃었다.

아픈 기억은 잊히는 게 아니라 우물처럼 깊어진다. 기억을 회상하다 보면 자주 따끔거리는 통증을 느낀다. 객지에서 학교 다니는 아들 학비와 방세 등, 두 가지 세 가지 일을 해서 몇 푼 벌어도 늘 돈이 없었다. 우선 빚을 갚고 아들에게 송금하면 한 푼도 없을 때가 태반이다.

몸을 써서 살아보지 않은 나는 신불자가 되니 험하고 궂은일밖에 할 게 없었다. 일도 힘들지만, 공감하기 어려운 집단과 존재 가치의 갈등으로 정신은 항상 수세미 속이었다. 생각이나 살아온 방향이 전혀 다른 사람과 함께 하는 건 슬픈 일이다. 더욱 처절한 슬픔은 몸이 아픈데 쉬지 못하고 진통제를 간식 삼아 일해야 하는 거다.

그나마 내 영혼을 위로해 주었던 건 잠 못 드는 밤에 울다가 한숨 쉬다 끄적이던 '시'였다. 처음으로 늦둥이 아들 낳은 걸 후회한 적도 있다. 삶이 너무 잘 갈아진 도끼날 같았기에.

그 겨울 춥고 떨리고 아팠던 나는 약만 먹고 전기매트에 의지해 누워 있었다. 가스비를 아끼려 보일러를 틀지 않은 것이 원인이었다. 추웠다가 더웠다가 온몸이 땀으로 흠뻑 젖어 이불까지 눅눅했다. 왜 땀이 나는지 알 수 없었다. 빈속에 약만 먹으니 몸은 엿가락 늘어지듯이 늘어진다. 누구 하나 연락할 사람이 없다. 아니 없다고 생각했다. 언제였던가. 엄마는 아픈 나를 위해 건어물집에서 피문어를 사와 찹쌀을 넣어 푹 고아 죽을 끓였다. 푹 퍼진 찹쌀죽을 먹고 나면 힘이 솟았다. 돌아가신 엄마가 사무치게 그리웠다.

이 생각도 잠시 계속 쏟아지는 잠속으로 빨려 들어간다. 늦은 밤 숨쉬기가 힘들어 119에 전화했다. 순식간에 건장한 대원이 출동했다. 이동 침대에 나를 뉘고 증상을 물었다. 밤늦게 도착한 응급실, 열을 재고 콧속에 긴 면봉을 넣어 쑤셔대더니 벽 쪽으로 침대를 옮기고 커튼을 쳤다. 아무도 오지 않았다. 그때는 이유를 몰랐으나 메르스가 유행할 때여서 열이 높으니 격리한 거다.

아침에 의사가 출근할 때까지 하얀 벽과 천장만 바라보며 앓았다. 이것저것을 검사하더니 폐렴이라 말한다. 늦었으면 큰일 날뻔했다고, 마치 해일에 떠밀려 오듯 아팠던 기억이 달려온다.

가까운 곳에 있는 어두운 죽음의 냄새, 늦게 깨달음과 아쉬움이 섞인 삶의 성찰, 시간이 더디게 흐른다. 자신을 냉정히 통찰하는 건 아프고 서늘하다. 꿈꾸는 대로 살지 못했고 꾸역꾸역 평생을 일해야 했다. 계속해서 밥을 벌어야 했다. 웃음을 잃은 사람들, 저 멀리 콘크리트 옥상에 올빼미처럼 내려다보는 달의 눈, 저 달도 내일이 지나면 사나운 눈을 감고 두둥실 부풀어 오르겠지.

살아야 할 의미였던 자식들은 바르게 잘 자라서 든든한 울타리가 되었다. 한해의 추수가 끝나면 벌레는 땅속으로 몸을 숨기고 나무는 성장을 멈춘다. 봄을 기다린다. 나는 그 땅을 밟고 있다. 잠시 쉬어가야지, 강이 지평선을 버리고 바다에 이르면 자신의 이름을 버리고 바다로 스며들 듯, 아직 남아 있는 길을 걸어가야지.

내 이름 석 자가 복도에 울린다.

2024. 1.

삶의 벼랑에 서서

"큰 병원으로 가셔야 할 것 같네요."

"암인가요?"

"네, 암입니다."

순간, 앞이 캄캄했다. 아들이 거의 한 달째 병원에서 통증과 싸우고 있어 내 몸의 힘듦을 생각할 겨를이 없었다. 너무 피곤해 검진했을 뿐, 힘없이 삐져나오는 방귀처럼 웃음이 나왔다. 이유는 알 수 없다. 아픈 아들은 침묵했고 딸은 놀라지 않는 엄마가 이상하다고 울먹였다.

살면서 차라리 꿈이었으면 하는 일이 많았다. 이혼한 후 채권자는 들개처럼 매일 침을 흘리고 괴롭혔다. 차라리 아침이 오지 않길 기도한 적도 있다. 잠자던 신경이 굼벵이처럼 일어났다.

아들에게 갑자기 희소병이 찾아와 소금에 절인 가슴이 되었다. 내게 찾아온 병은 멀리서 나를 바라보고 있다. 애써 외면하려 해도 자꾸 몸을 부풀려 몸속으로 파고든다. 죽음의 유혹에 현혹되어 아들이 완치될 수 있다면, 세상 엄마들이 할 수 있는 생각이 똬리를 튼다.

고등학교 2학년쯤이었을까. 삶과 나의 현실에 대해서 고민하며 살았다. 존재 이유를 깨달을 수 없었다. 무엇보다 평범하지 않은 가정과 태어나지 않았으면 좋았다는 자괴감이 함께했다. 하기 싫은 운동을 계속해야 했으며 딱히 다른 길을 선택할 수 없는 현실이 춥고 아렸다. 출구가 보이지 않는 운명을 받아들여야 했다.

땅거미가 그물처럼 진을 치고 있었다. 약국을 여기저기 돌며 수면제를 사서 모았다. 100알쯤 모이자 신줏단지 모시듯 감춰놓았다. 밤이 되기를 기다렸다. 공중목욕탕에 가서 몸을 씻고 방안에 물건을 정리했다. 마치 의식을 치르는 듯 무언가에 홀려있었다. 어린 마음에도 빈속에 약을 먹어야 약 기운이 빨리 퍼질 것 같아 저녁을 굶었다.

엄마는 일하러 가셔서 늦은 밤에 오실 거다. 설령 나를 발견한다 해도 잠자는 줄 알겠지. 약을 한 움큼씩 대여섯 번에 나누어서 물과 함께 삼켰다. 자잘한 알갱이가 서로 안 내려가려 목구멍 근처에서 발버둥쳤다. 긴장한 목젖이 자꾸 붙는다. 뻐근하고 뭉텅하게 목구멍이 아프다. 계속해서 힘을 주며 삼켰다. 꾸역꾸역 다 먹어 치웠다. 배가 부르는 듯하다. 약을 다시 뱉어버릴 수 없는 상황이 체념이라는 놈에게 압도당하고 있다.

머리맡에서 함께 웃고 울었던 카세트 녹음기가 멍하니 나를 보고 침묵한다. 마지막이라고 생각하며 테이프를 꽂았다. 루치아노 파바로티가 '남몰래 흐르는 눈물'을 부른다. 준비는 끝났다. 깨끗한 옷으로 갈아입고 자리에 누웠다. 몸이 나른하게 풀리면서 무거운 육체와 생각이 분리되는 듯, 가수의 목소리는 애절하게 가슴을 헤집고 들어온다.

갑자기 눈물이 슬금슬금 기어 나온다. 점점 줄줄이 흘러 귓불을 적신다. 봇물 터지듯 설움이 밀려온다. 베개가 젖어 축축해서 싫다고 뒤통수가 말한다. 손을 뻗어 아버지와 엄마에게 전하는 편지가 도망가지 않았는지 만져 본다. 두려움이 나타나 가슴 위를 누른다.

벽에 붙은 수건을 잡아당겨 눈을 덮었다. 죽고 싶지 않다. 이미 뱃속의 수많은 알약은 흐물흐물 시체 썩듯이 부패하고 있다. 몸이 가벼워지면서 음악 소리는 멀어져 갔다. 그렇게 우주의 한 가운데로 날아갔다.

눈을 뜬 건 병원. 위세척과 며칠 간의 밤과 낮이 교차한 후였다. 글을 모르는 엄마는 내가 남긴 편지를 읽지 않은 것 같았다. 몇 번 보지도 못했던 아버지의 음성이 들렸다. "우리 집안에 자살해서 죽은 귀신은 없다." 말을 건네지도, 눈을 마주치지도 않고 휑하니 나간다. 멀리 보이는 뒷모습에 아버지의 구차한 인생의 고뇌가 힐끗거렸다. 문짝이 쿵 소리를 내며 비명을 지른다.

"하실 말씀 없나요?" 소견서를 쓰다가 의사가 겸연쩍게 묻는다. 다시 병원, 등 뒤로 궁금한 듯 기웃거리는 아침 햇살이 눈에 가득 들어온다.

2023. 10.

꽃잠

하루는 삶의 시작이며 끝이다.

아픈 환자가 밤새 고통스러운 기침을 뱉는다. 작은 땅에 뿌리내렸던 대나무 이파리가 조용히 내려앉는다. 암 병동의 척박한 땅에서 사는 나무는 이파리 하나도 저절로 떨어지지 않는다. 환자들의 앓는 소리와 가래에 섞여 가빠진 기침 소리에 숨죽인다. 세상 고통과 인연을 바람에 날려버리는 곳.

5인실의 아침은 그렇게 밝았다. 밤새 저승사자처럼 찾아와 환자를 아프고 고통스럽게 한 통증도 잠시 쉬고 있는 듯 병실은 무겁고 고요하다. 문이 열리고 건장한 남자가 들어왔다. 바람이 가지고 온 소식을 전하듯 내 이름을 확인한다. 그를 기다려야 했던 난 침대에 누웠다. 가깝고도 먼 길을 가려고 침대 바퀴가 구르기 시작한다.

오늘 첫 수술 환자. 처음을 다행으로 여기며 눈을 감는다. 엘리베이터를 타고 내려서 로비를 지나는가 싶더니 구름다리를 지난다. 수술실로 가는 길이 멀다. 나를 태우고 가는 침대의 미끄러짐에 잊힌 기억이 찾아온다.

어린 시절 엄마가 이불 홑청을 꿰맬 때면 위에 드러누워 몸을 굴렸다. 나를 즐겁게 해주려 이불을 들어 올려 뒹굴려 주시곤 했다. 딱히 놀거리가 없었기에 한 번만을 반복하며 졸라 댔다. 행복했던 그 날이 생각난다.

침대의 걸음이 멈췄다. 실눈을 떠보니 아무도 없는 공간에 혼자 누워 있다. 주렁주렁 차가운 바람을 달고 온 아들딸이 젖은 눈에 불안을 담아 울먹이고 있다. "걱정하지 말아라. 금방 끝날 거야." 아들딸을 위로하고 수술실 복도로 침대가 미끄러져 들어간다. 아쉬움에 뒤따라오다 문틀에 끼어버린 자식의 마음이 가슴을 파고든다.

감았던 눈을 떴다. 환자를 배려한 병원의 마음일까, 천장을 도배하듯 펼쳐진 전광판 속 아름다운 그림. 드넓은 파란 하늘과 새하얀 뭉게구름이 둥실거린다. 이 세상이 끝나면 저렇게 아름다운 하늘을 날아갈까 생각한다. 귓가에는 들릴 듯 말 듯 익숙한 노랫소리가 들린다. 헛소리가 들리는 건가 의심스러워 드러누운 고개를 살짝 쳐들고 요리조리 둘러보았다.

아무도 없는 빈 책상 위 노트북 하나가 덩그러니 앉아 찬양을 부르고 있다. 누군가 수술 들어가는 환자를 위해 마음을 나눠주는 거다. 저 멀리 엄마가 나를 위해 아침을 준비하며 달그락거렸던 소리가 난다. 귀를 세워보니 차가운 수술 도구 부딪치는 소리다. 아니구나, 엄마 소리는 따뜻했지.

침대가 멈추어 선 이곳에서 환자는 가스가 새고 있는 불안을 느낀다. 그래서 아름다운 하늘 위 그림을 천정에 만든 걸까? 나는 왜 이리 담담할까. 이렇게 생이 끝난다 해도 억울할 일도 없다. 후회는 모든 것이 가버린 후 나중에 오는 것. 후회할 일도 원통하고 비통한 일도 많았다. 그러나 언덕 위 교회 종소리 되어 멀리 날아갔다. 바람이 모든 사연을 다 가져갔다.

낙타의 눈이 늘 젖어 있는 이유는 따로 울지 않음이다. 뛰고 싶어도 등짐이 무거워서 뛰지 못하는 거다. 선인장은 가시로 무장해 피도 눈물도 없는 걸까, 오랜 세월 꽃 한 송이를 피우려고 속으로 울었겠지 속으로 우는 모든 것은 겉으로 강해 보이는 것. 그들은 존재의 고통을 느끼고 있는 거다. 가야 할 길보다 지나온 길을 바라보는 사람은 고독하다. 수술실 침대에 뉘인다.

은색 천장에는 가마 솥뚜껑처럼 커다란 형광등 불빛이 눈이 부셔 시리다. 바쁘게 움직이는 사람의 발자국이 분주하며 조용하다. 상의를 벗겨 겨드랑이 털을 밀고 머리에 비닐 모자를 씌운다. 목덜미에 작고 단단한 베개를 고정한 후 턱을 천장으로 세운다. 입안으로 둔탁하고 차가운 나무 등 컬 같은 게 말뚝 박듯이 들어와 자리를 차지한다. 답답하고 숨이 막힌다. 엄지발가락 엄지손가락을 집게가 물더니 '뚜, 뚜' 소리를 내며 귀속으로 파고든다.

순간 다정하고 따뜻한 목소리가 말한다. 귀에 익은 목소리다. "무섭고 떨리죠?", "긴장 풀고 푹 주무시면 돼요." 마취 들어갑니다. 팔뚝에서 실뱀 하나가 머리를 치켜들어 흔들어 대고 심장으로 달려온다. 심장이 긴장한 듯 움츠러든다. 누가 내 모습을 하고 누워있는가. 내 육신 안에서 살아 숨 쉬는 건 무엇일까. 들꽃이 작은 이마를 비비대며 도란거리는 곳, 잉태한 달의 배가 점점 부풀어 오르는 곳 그곳으로 날아간다.

대낮에 짧고도 긴 잠이었다.

2024. 2.

위대한 위로

"이 아들이 어른이 되면 네 울타리가 될 거니 남편 원망하지 말아라. 혼자 살면 남이 업신여기니, 아들 믿고 의지하며 굳세게 살아가기를 바란다."

엄마는 유언을 남기고 세상 혼자인 나를 두고 떠났다. 암을 진단받은 후 큰 병원 진료를 위해 두 달을 기다렸다. 살면서 내가 해결할 수 없는 일이 많았다. 이런 날에는 엄마를 찾았다. 엄마는 자식의 고통을 껴안고 동트기를 기다리셨다. 고운 한복을 정갈하게 갈아입은 후 앞장섰다. 이럴 때는 목소리에 힘이 실려있다. 생각해보면 아무런 의지할 곳 기댈 곳 없던 엄마가 산처럼 속으로 혼자 삼켰던 울음소리였으리라.

새벽에 눈을 떠 입원할 수도 있다는 생각에 짐을 챙긴다. 이런 나를 보았다면 혀를 끌끌 차며 눈물까지 흘렸을 엄마, 빠른 걸음으로 앞장섰을 것이다. 어린 가젤이 태어나 뱃속에 물기도 마르기 전 살기 위한 본능으로 비틀비틀 엄마 가젤을 따라가듯 나도 늙은 엄마 뒤를 따라갔을 것이다.

이른 아침 아들이 분주하다. 한숨 더 자라는 말에 맛있는 거 먹고 병원에 가자고 한다. 나를 생각해서 하는 말이다. 진료가 오후여서 기쁜 마음으로 밥을 짓고 아들이 좋아하는 반찬을 만들어 맛있게 먹었다. 거실 안으로 들어온 햇살이 부러운 듯 기웃대다 널브러져 있다. 앞서가는 아들 뒤를 따라간다. 희소병과 싸우는 그를 내가 지켜줘야 하는데, 생각하며 차에 올랐다.

병원은 갑자기 삶의 방향이 흩어진 사람으로 북적인다. 아들의 큰손을 잡고 따라 들어간다. 낯설지 않은 곳이다. 아팠던 아들이 두 달 가까이 입원해 있었기에 구석구석 내 눈에 사진처럼 담아 놓은 곳이다. 접수하려는데 환자가 너무 많아 앉을 자리가 없다. 세상과 멀어지려는 삶을 붙잡으려 많은 사람이 두려움을 눈동자 뒤로 감추고 모여있다. 천적을 대항하는 개미의 움직임처럼 소리 없는 불안이 태평하게 웅크리고 있다.

접수한 후 우리는 로비를 지나 자주 가던 커피숍에 앉았다. 따뜻한 커피잔을 마주하며 아들이 투병하던 상황을 애써 웃음으로 펼쳤다. 향기처럼 감사한 마음이 스며든다. 낮에는 번잡하여 숨 막히던 로비가 밤이 오면 요술 부리듯 고요했다. 북적이던 인파는 사라지고 유령처럼 고요가 살아 움직이는 병원이었다. 통증으로 괴로워하는 아들을 휠체어에 태우고 요리조리 이곳저곳 탐방을 다녔다. “내일은 저 식당에서 밥 먹자”, “여기는 은행이네?”, “기도실도 있구나” 아픈 현실을 잊으려 들뜬 대화로 서로 의지하고 위로했다. 길었던 지나간 시간이 산을 기어 내려오는 운무처럼 눈 앞에 펼쳐진다.

내 차례를 호명하는 톡 알림과 함께 본인 확인 후 문이 열렸다. 하얀 가운을 입은 의사가 싸리꽃처럼 눈으로 웃고 있다. 마스크 위로 보이는 눈망울은 형광등 불빛에 반사되어 영롱하게 맑다. 겨울 산의 얼음 위를 굴러 흐르는 투명한 물방울 같다.

따뜻한 목소리로 반긴다. 찰나에 마주친 눈빛은 긴장한 내 눈을 보고 연신 웃어주기까지 한다. 나를 대하는 그의 행동에 어리둥절도 잠시 잔잔한 음성으로 목밑샘 모형을 보며 말한다. 일찍 발견하여 다행이다. 위치가 좋지 않아 꼭 수술해야 한다고, 이쁜 암, 착한 암이라 해도 암은 암인 거라고, 1월 중 종합검사를 하고 수술은 2월 1일이라 말한다.

다행이다 방학에 수술하니, 마스크 안으로 혼자 중얼거리는 소리를 들었나 보다. 학교에 다니냐 묻는다. 잠깐 망설이다가 우리 학교를 말했다. 순간 주저 없이 내 손을 잡는다. 따뜻하다. 훌륭하다며 자기 일처럼 기뻐한다. 들어본 적 없는 칭찬에 나를 위로한다 생각했다. 그분 아내도 우리 학교 신학대학원을 졸업했다고 말한다. 이후에 들려온 소문은 찬양 봉사와 어려운 사람을 많이 돕는 분이라는 거다.

한 손으로 손을 잡고 한 손으로 내 손등을 원을 그리듯 감싸준다. 순간 의지와 상관없는 굵은 눈물방울이 마스크 아래로 빠르게 내려온다. 가슴 아래에서 무언가 뜨겁게 올라온다. 선한 눈망울을 바라보니. 숨어있던 불안한 감정이 눈물 되어 흐른다. 되돌아서는 내게 걱정하지 말라는 말이 여운으로 남았다.

살면서 많은 의사를 만났다. 그분은 달랐다. 생과 사를 넘나드는 환자를 바라보고 대하는 눈빛과 마음이, 병원을 뒤로하고 아들이 내민 손을 깍지 끼고 나왔다.

그 눈빛을 가슴에 새기며.

2023. 11.

가출

"남편이 세상을 떠나자 요밍한 것이 나 사라졌어요." 여자의 말이 뇌리를 스친다.

캠핑장 안에는 산 쥐가 산다. 집쥐와 달리 덩치가 작고 주로 갈색 옷을 입고 다닌다. 주둥이는 촉새처럼 뾰족하고 작은 검정콩이 눈에 박혀 약삭빠름을 증명한다. 산 쥐가 텐트 안에 들어와 휘젓고 다니니 손님의 원성이 많았다.

여러 사람의 의견을 듣고 고민 끝에 고양이를 분양받았다. 몇 년째 집에서 강아지를 기르던 내게 고양이는 알 수 없는 선입견이 있다. 강아지의 눈망울은 흑진주처럼 마음을 흡입하는 매력이 있다. 고양이 눈은 왠지 무서웠다. 눈동자에 감정이 실리지 않는다 판단했다.

지인이 기르는 고양이가 새끼를 낳아 젖떼기를 기다려 데려왔다. 백설처럼 하얀 털옷을 입은 노란 눈동자와 파랑 눈동자의 남매를 입양했다. 처음 본 순간 마음이 길을 잃었다. 귀엽고 앙증맞은 눈을 보며 노랑이와 파랑이라 이름 지었다.

미워하면 사람에게 해코지한다는 할머니와 엄마 말씀이 뇌리에 도장처럼 새겨져 있다. 해바라기꽃을 닮은 노랑이의 순수한 눈빛과, 푸른 보석처럼 영롱한 파랑이의 아름다운 눈은 심장을 매료시켰다. 별똥별이 가슴에 박혀서 빛나기 시작한 날이다.

호기심과 두려움 가득한 눈으로 구석에 숨어서 나오질 않는다. 아기용품을 준비하듯 예쁘고 안락한 집과 화장실, 배변을 위한 모래, 간식, 장난감을 사들였다. 몇 달이 지나니 장성하여 캠핑장의 마스코트가 되었다. 사람을 경계하지 않아 친근했으며 무엇보다 새하얀 털과 신비한 눈동자가 크게 한몫을 했다.

달이 밝은 밤, 무심한 나무를 타고 가지가 휘어지게 장난친다. 별판처럼 펼쳐진 캠핑장을 별 사이로 내리는 달빛을 가르며 달린다. 하늘로 꼬리를 세운 채 자신의 영역을 확인하러 다닌다. 긴 꼬리를 치켜들어 우산 손잡이처럼 말아 세우는 건 행복하다는 표현임을 알게 되었다.

어떤 날은 쥐와 뱀을, 어떤 날은 예쁜 새와 다람쥐를 잡아서 내 신발 옆에 두고 도도히 앉아 기다린다. 놀란 눈이 마주치면 '야옹' 한마디 남기고 무심히 사라진다. 칭찬받으러 사냥감을 먹지 않고 가져다 두는 거라는 걸 알았다. 옛날 사람은 이 모습이 해코지하는 거로 생각했다. 사랑받고 싶었던 마음을 모르기에. 정이 깊어질수록 그들의 행동이 가슴으로 스며들고 소리에 공감 당했다.

어느 날 노랑이 배가 점점 불러왔다. 그리고 파랑이는 사라졌다. 우리는 누가 데려간 거로 의심해 CCTV를 뒤적이며 한바탕 난리를 쳤다. 고양이는 영역 동물이다. 남자이기에 더 넓은 세상을 꿈꾸며 집을 나가 버린 거다. 참으로 무심하고 냉정한 놈이다. 고통스러워하는 노랑이의 산실을 마련했고 첫 새끼를 여섯 마리나 낳았다. 예쁘고 사랑스러웠다. 대견했다. 노랑 눈과 파란 눈이 태어났다. 젖을 떼자 사람들이 앞다투어 분양해갔다.

고양이는 1년에 두 번 임신한다. 원하든 원치 않든 숙명이며 운명이다. 몇 번의 출산으로 노랑이의 젖은 늘어지고 털은 윤기를 잃어갔다. 모성애가 남달라서 육아에 대충이 없었으며 지쳐있었다. 무시했던 나는 병원에 데려가 중성화 수술을 해주는 방법을 몰랐다. 지금도 생각하면 안쓰럽고 미안하다.

산속 동네 떠돌이 고양이가 아빠가 되어 나타났다. 검정과 갈색 줄무늬의 혼혈아가 태어나기 시작했다. 처음에는 낯설고 보기 싫었다. 미웠다. 자라는 모습을 보니 미운 마음은 변덕스러운 나의 성품 탓이었다. 가슴속 짠한 마음이 함께했다.

각자의 털 빛깔과 생김새, 성격을 파악하고 이름을 지어주곤 했다. 코털, 짝짝이, 양말, 깡패, 못난이, 사춘기에 접어들면 사내는 집을 나간다. 암놈은 새끼를 낳아 기르며 영역을 벗어나지 않는다. 힘을 모아 침입자와 치열하게 싸운다.

엄마가 할머니가 되고 흙으로 돌아가는 세월이 흘렀다. 이제는 고양이 숫자가 늘어나 골칫덩이가 되었다. 중성화를 시키려 해도 사람을 경계하니 포획하기 어려웠다. 진안군에도 호소했으나 중성화 수술 예산이 부족해 1년에 네 마리 정도만 가능하다 했다. 노랑이, 파랑이와 다르게 사람을 두려워하니 당연히 관심과 마음도 멀어졌다. 사료만 축내는 골칫덩어리가 되었다.

수없이 늘어난 고양이를 보면 한숨만 나왔다. 밥을 주지 말라지만 차마 그럴 수 없었다. 내 음성과 차 소리가 들리면 산속과 보이지 않는 곳에서 몰려드는데 어떻게 밥을 굶길까, 이미 사랑하게 되었는데.

암을 수술하려고 병원에 있을 때도 고양이 걱정뿐이었다. 보고 싶은 마음 간절했다. 사료를 꼭 챙겨주길 직원에게 당부했다. 수술한 후 6개월 만에 캠핑장에 돌아왔다. 창고에 쌓아둔 사료 포대는 가득한데 고양이들은 한 마리도 없이 사라지고 없다. 이상한 일이다. 사료도 매일 챙겼다는데.

문득 몇 년 전 어떤 손님이 고양이를 보며 했던 말이 생각난다. 남편이 고양이 수십 마리를 길렀는데 사고로 사망하자, 어느 날 모두 사라져 버렸다고. 계절은 가고 또 돌아왔건만 가출한 녀석들 생각에 애잔한 마음이 깊어간다.

2024. 4.

어둠은 다 지나가고

대범하고 용기 있는 행동은 보이지 않은 불안의 실체나.

의리의 돌쇠, 천하 여장부는 젊은 날 세상에서 부르던 별명이다. 예수를 만나기 전에는 좋은 집, 좋은 차, 좋은 옷 등 연예인처럼 누리고 살았다. 이런 삶을 당연한 것으로 여겼다. 과거 나를 알고 지낸 사람이 변해 버린 나를 보고 슬프다고 말할 때, 예수를 만났기 때문이라 말한다. 아무도 이해하지 못한다. 아직도 가시지 않은 이별의 아픔과, 떠안은 많은 채무, 상실감은 무섭도록 처절한 절망과 함께였다.

영혼을 흔든다는 건 커다란 충격과 감동이 밀려와 자신을 전율시키는 상태다. 세상 욕심, 욕망 다 내려놓고 오직 십자가만 바라보며 살았다. 긴 세월을 따라, 홀로 키운 아들과 딸도 사회 일원으로 우뚝 섰고 많았던 빚도 다 갚았다. 내가 살고 싶은 삶을 살면서 남은 인생 마무리하려 마지막 힘을 부리고 있다.

서너 시간 잠들었나, 번쩍 눈이 떠진다. 어제의 고단함에 비 맞은 짚단처럼 온몸이 무겁고 아프다. 돌아누울 엄두도 나지 않는다. 십 년을 맞이하는 여름 휴가철, 이렇게 걱정하고 힘들었던 적은 없다. 아마 나이 탓이겠지만 암을 수술한 후유증이 내면 깊숙이 파고들었다. 보기에는 멀쩡하니 그나마 다행이랄까. 모든 것은 지나간 일이다. 어떤 기억들도 아무 걱정할 것 없다고 자신을 위로한다.

박차고 일어나 새벽 문을 여는 대형 할인점으로 향한다. 캠핑장 손님의 부족하고 필요한 물건을 관리실 겸 매점에 채워야 한다. 4~5백 명 정도가 이곳에서 각자 먹고 자는 것을 해결한다. 소소한 것부터 그들의 필요를 채워 줘야 한다. 캠핑장의 이미지를 위해 불편함이 없도록 노력한다. 바늘 하나 들어갈 틈 없이 물건을 차에 싣고 길게 구부러진 능선을 능숙하게 질주한다. 도착한 캠핑장의 아침은 바람이 전해주는 사연을 들으며 서로서로 정겹다.

숨돌릴 여유도 없이 짐을 풀어 정리하다 보면 바위 같은 한숨이 땀샘을 자극한다. 삶이 내 탓만이 아님을 안다. 내가 할 일이니까, 긴 세월 손때와 애정이 깃든 곳이니까, 몸이 자동으로 반응한다. 일하는 사람은 10시에 출근해 3시에 퇴근하며 하루 일당을 받는다. 산속이다 보니 사람 구하기가 힘들다. 전주와 다른 지역에서 오는, 자가 운전자이기에 높은 시급과 차량 유지비를 지급해도 변수가 생기기 일쑤다. 못 나온다고 할까 봐 불안하고 그들이 상전이다. 상황이 이러니 펜션과 글램핑 청소 외에는 모든 일을 내가 수습하는 긴장의 연속이다.

아침 화장실은 늦게까지 술 마시며 잠들지 않은 사람의 흔적이 요란하다. 가장 깨끗함을 유지해야 하는 곳이라 생각하기에 벽까지 마른 수건으로 닦아 낸다. 샤워실을 청소한 후 취사장 스테인리스를 수세미로 닦아 낸다. 바닥 타일에 세제를 뿌리고 플라스틱 긴 밀대로 박박 문지른다. 허리도 아프고 어깨도 빠질 것 같다. 물 호스로 목욕을 시키면 아침 햇살에 개수대 스테인리스와 타일이 반짝이며 눈부시다. 알 수 없는 기쁨과 개운함이 밀려온다.

하얀 손과 긴 손톱에 색색의 매니큐어를 바르며 살았다. 부질없음을 깨닫게 해준 것도 그분이다. 인간으로서 어떻게 살아야 하는지 알게 하시고 인도해 주신 하나님께 감사하다. 지금은 바빠서 고무장갑도 버려둔 채 하루를 보낸다. 뭉텅한 손톱과 깁게 그을려 바디가 생강처럼 굵어진 투박한 손을 사랑한다. 밤새 쌓인 쓰레기를 분리하고 정리하다 보면 옷은 땀으로 젖고 얼굴은 홍시가 터질 듯 얼얼하다.

직원과 먹을 식사를 준비하며 손님의 명단을 살펴본다. 그날 퇴실할 사람과 입실하는 사람을 간추려서 하루의 계획을 수립한다. 전날 묵었던 손님의 특징을 설명하고 깨끗한 청소를 지시한다. 예약한 손님의 자리 안내와 본인 차량 주차 위치, 인원 파악을 한다.

관리실과 매점에서 기다리는 사람의 요구와 불편을 듣고 해결해야 한다. 이리 걷고 저리 뛰다 보면 세탁실에 수북이 쌓인 빨래가 나를 기다린다. 종류별로 분류해서 세탁하고 옥상으로 수십 번을 오르락내리락, 널고 걷고를 반복한다. 올해는 무릎까지 아파 더욱 힘들다. 잠시도 자리를 비울 수 없는 상황에서 수시로 화장실과 샤워장, 취사장, 쓰레기장을 돌아야 한다. 많은 인원이 북적이니 청결에 더욱 신경 써야 한다. 내일은 새벽에 차량이 없는 직원을 데리고 와야 한다. 길었던 하루가 간다. 밤 11시쯤 출발하며 하늘을 본다. 반달이던 달은 남몰래 불러오는 배를 감추려 더 높은 곳에서 수줍다. 보름 아니었던 그믐달 없고 그믐 없었던 보름달 없듯.

어둠은 다 지나가는 것.

2024. 7.

작지만 존재하는 것들

위험을 감지하는 순간 줄행랑을 치거나 죽은 척하다니.

캠핑장을 운영하다 보면, 계절의 민감함에 대해 함께 사는 생명을 보며 느낀다. 8월이 중순으로 뒹굴자 호박 허리가 점점 굵어지더니 줄기는 땅에 몸을 부렸다. 높은 산보다 키가 더 큰 하늘 아래 짝짓기에 바쁜 잠자리의 사랑 나눔을 훔쳐보다 고개가 도리질한다. 이생의 마지막 사랑을 갈구하는 토종 매미의 울음소리는 그리움을 안고 가슴에 파고든다. 어린 시절 무심히 들었던 소리다. 도시에서 사라져버린 향연에 초대받아 그들의 삶을 감상하며 느끼고 있다.

눈에 익숙한 장수풍뎅이와 아름답게 물들인 형형색색의 이름 모를 나비는 천지를 휘젓고 다닌다. 거미, 귀뚜라미, 잠자리, 벌, 행동이 굼

떠서 도망도 못 가고 온몸이 얽어버린 두꺼비의 눈을 가까이에서 가만히 들여다 본다. 젊은 날에는 알 수 없었던 삶의 깊이와 오묘함이 밀려온다.

오염되지 않은 이곳의 하루는 어린아이들의 웃음과 함성이 감정을 정화한다. 수영장에서, 계곡에서 울려 퍼지는 소리를 듣다 보면 나쁜 감정과 불필요한 생각은 달아난다. 잠자리채를 들고 곤충을 잡으려 엄마 아빠와 혈안이 되어 있다. 생포하려는 인간과 살려고 발버둥 치는 생명의 긴 여름 하루가 고단하다.

자연 속에서 조용히 살아가던 그들의 삶에 인간이 들어왔다. 호기심에, 때로는 징그럽다는 이유로 죽임을 당하고 있다. 생명에 대한 죄의식을 느낀 건 십 년이라는 세월이 함께 했다. 그들도 위험을 느끼고 감지한다. 죽지 않으려 처절하다. 빗자루나 집게로 아프지 않게 풀밭이나 나무 아래 내려 준다. 살아 있음이 무엇인지 자연에서 배웠기 때문이다.

이른 아침 새가 발성 연습에 한창이다. 자신만의 아름다운 옷을 걸치고 나뭇잎 사이사이 그늘에 앉아 있다. 청아한 소리가 산속에 은방울처럼 구른다. 캠핑족은 사랑하는 사람과 모닝커피를 마시며 흔히 볼 수 없는 공연을 감상한다. 어둠이 내리면 아침에 울던 새들은 사라지고 서럽게 울음을 토해내는 새가 있다. 까만 밤, 별들이 내려와 나무 위에 걸터앉아 서러운 눈물을 닦아 준다.

뱀이 출몰했다는 소리에 즐겁던 순간이 발칵 뒤집힌다. 가끔 있는 일이라 무덤덤 하지만 엄청나게 놀란척한다. 사람이 벅적거리니 숨어

있기가 답답했겠지, 눈치 없는 놈, 뭐하러 기어 나와 긴 집게에 몸이 눌리고 가스 불에 화형을 당할까? 마음이 구겨진다. 뜨겁다고 몸부림치며 죽어가는 뱀을 보고서야 웃음의 함성이 이어진다.

누구나 뱀을 보면 기겁한다. 나도 무섭고 징그럽다. 독사는 더욱더 두려운 존재다. 머리 위에 다이아몬드 문양이 있으면 칠점사라고 일러주는 말을 가슴에 새기곤 했다. 한번 물리면 일곱 발자국을 못 걷고 죽는다고 해서 붙인 이름이다. 뱀이 출몰하면 맹독이 있건 없건 손님이 보고 까무러치니 행방을 찾아 반드시 죽여야 한다. 여기저기 뱀을 찾아 몰려다닌다.

우리는 살아 있는 자연을 갈망하면서 다른 생명체와 공존할 줄 모른다. 오로지 인간만이 존재하길 바란다. 10년 전 내 모습이다. 그들이 왜 존재해야 하는지, 징그럽고 무서웠다. 손님이 혐오하니 무조건 퇴치하고 없애야 했다. 히틀러처럼 행동한다.

자연은 인간을 먼저 공격하지 않는다. 어떤 식이든 위협을 느낄 때 자신을 지키려 자기방어를 하는 거다. 뱀, 지네, 멧돼지, 고라니. 두꺼비 족제비는 징그럽고 두렵다. 그들은 사람을 피해 도망가기 바쁘다. 흐르는 세월과 함께 교감하고 교류하는 법을 배웠다. 그들의 삶이 가슴으로 들어왔다.

이른 아침 공중화장실에 살충제를 뿌리고 청소한다. 바닥을 청소하기 전. 긴 다리를 가진 수수 빗자루로 천장을 포함 구석구석 훑어 댄다. 탈출할 기회와 시간을 주는 거다. 지난밤, 불빛에 현혹되어 화장실에 들어와 진한 밤을 보낸 곤충이다. 눈치 빠른 놈은 줄행랑을 친다.

눈치 없고 행동이 굼뜬 놈은 죽음을 맞이한다. 살려고 발버둥 치는 모습을 보며 빗자루 침대로 뉘어서 풀밭이나 나무 밑동에 내려 준다. 구사일생 살아나서 얼빠져 있는 놈에게.

"엄마가 기다리니 어서 가라." 하루의 시작이다.

2024. 7.

3 부

웃음과 울음은 같은 성씨일까?

수만 마리의 하얀 나비가 극성을 부리더니 눈이 되어 세상을 덮었다.

설 연휴 기간 내리는 폭설에 자식 기다리는 어미 마음을 어두운 거미줄이 감는다. 어찌 나뿐이랴. 며칠 동안 자신을 가두고 살았다. 끝없이 사유하는 건 인간이다는 것. 긴 세월을 살다 보니, 한가지 복이 생겼나 보다. 주변에서 자식 복이 많은 사람이라 말한다.

나에겐 낳기만 하고 보살핌에 인색했던 아버지, 홀로 두 몫의 사랑을 품어 올린 어머니가 계셨다. 아무도 부모 복이 있다고 말하지 않았다. 한 핏줄을 나누어 가진 형제도 없기에 힘들 때 더욱 막막했다. 누군가에게 기대고 싶었으나 서러운 꿈이었다. 무엇이든 스스로 생각하고 결정하며 벼랑 끝을 더듬었다.

울타리 없는 터전에서 이리저리 내몰렸다. 홀로 자식을 지키려 불안을 숨기며 견뎠다. 제비꽃을 닮았던 아들딸은 어느덧 장성하여 든든한 돌담이 되었다. 흘러간 날이 물결처럼 구부렸던 몸을 곧게 펴서 잔잔히 빛난다. 그래서인지 부모 복도 남편 복도 없는 여자를 자식 복 많은 여자라 부르기 시작한다.

전남 화순이 시댁인 딸 부부는 명절 상을 물리자마자 친정인 내게로 달려온다. 궂은 날씨가 걱정이었으나 다행히 당일에는 햇볕이 낭창하다. 며칠 전부터 이부자리를 다듬고 대청소를 하는 동안 먼지는 분가루처럼 폭삭폭삭 날아올랐다. 손주가 좋아하는 갈치, 굴비를 굽고 신선한 시금치 숙주 오이나물을 버무렸다. 간단한 전과 소갈비를 재고 등심 삼겹살 과일 음료를 냉장고에 가득 채웠다.

중학생인 손자는 전교 1등, 취미로 시작한 태권도는 경기도에서 금메달을 획득했다. 할머니보다 아는 지식이 많은 독서광이자 바른생활의 표본이다. 어느 순간 내 키를 훌쩍 뛰어넘어 장마철 호박 자라듯 길어졌다. 어린 시절 내 모습을 닮은 손녀는 새침해서 애틋하고 그림에 소질을 보인다. 노을이 스러지면 어둠이 찾아오고 어둠이 길어지면 별이 떠오르는 것, 초인종이 울린다.

나도 몰래 더워지는 눈빛을 허공에 띄우고 품으로 안았다. 입가는 연신 초승달 같은 웃음을 물고 있다. 따뜻한 밥을 준비하는 동안 아들과 사위는 고기를 굽는다. 된장찌개를 곁들여 맛있게 밥을 먹었다. 조촐하지만 행복한 설날 저녁이다.

언제였던가, 딸은 남자 친구의 존재를 드러냈다. 몇 달을 대화는 물론 눈도 맞추지 않았다. 이유도 없이 밉기까지 했다. 분명 아들이 여자친구를 만나는 기분과는 다른 미묘한 감정이었다. 지금 생각해보면 혹시나 내 팔자를 닮을까, 막연한 불안감이 어두운 곳에 도사리고 있었다.

딸의 배우자는 가족이 많은 가정에서 자란 사람을 만나게 해달라 기도했다. 외롭지 않게 살기를 바랐기 때문이다. 남자 친구에 대해 이것저것 물어보았다. 한 동네에서 연을 맺은 사위의 부모님은 두 분 모두 8남매의 형제가 있는 대가족 집안이다. 동네가 김 씨 집성촌이라는 거다.

남자 친구를 전주로 불렀다. 레스토랑에서 처음 본 사위는 사슴을 닮은 눈망울에 딸만큼 어린애였다. 아빠가 없는 집안에 작은 울타리가 되어 주길 바랐던 마음이 허물어졌다. 젊었던 엄마의 철없는 생각이었다. 가을이 여름 속으로 왔다가 돌아가고 겨울이 또 그 속으로 왔다가 물러갔다. 영혼의 빈터를 비춰오는 햇빛이 떳떳하다. 진정 부끄럽지 않음은 변함없는 사위의 나뉘지 않는 마음과 선한 심성이다.

서로 사랑하냐고 묻는 말에 그렇단다. 결혼할 건지 물으니 그렇단다. 초롱초롱한 눈망울을 깜박인다. 딸의 병원 실습을 마치고 취업이 되면 부모님께 인사시킨 후 결혼 승낙을 받아오라고 했다. 허락하면 결혼식을 하자고. 실습 후 취업과 동시에 부모님께 인사했다. 사돈댁에서는 우리의 가정환경을 물이 떨림으로 하늘을 품듯 품어 주셨다.

기댈 곳 없던 등허리가 펴지며 하늘을 따라 뻗어 나갈 딸의 앞날이 보였다. 바다가 보이는 둥지에서 아들딸 낳아 오순도순 사는 모습을 보며 대리 만족한다. 인생은 공평하다는 걸 깨닫는 순간 어둡고 아쉬웠던 아픔은 갈매기 되어 날아간다.

바깥사돈과 사부인은 굽은 등 품어주는 산그림자를 닮았다. 아들 둘에 딸 하나 삼 남매를 낳아 기르며 평생 욕심부리지 않고 잔잔하게 사셨다. 다툼없이. 땀과 노력으로 크게 살림을 늘렸다. 자식 셋을 흔한 학원 한곳 제대로 보내지 못했다. 선하고 성실하게 살아온 삶이 어떤 학원 교육보다 참교육이 아닐까.

큰아들인 사위는 우리나라 최고대기업 사원이다. 딸은 경찰이며 막내아들도 경찰이다. 며느리와 사위도 전문직에 종사한다. 농사지어 보내주는 단감은 과즙이 남다르다. 해마다 먹고 남을 쌀과 고춧가루 참기름을 넘치게 부어 준다. 흐르는 물처럼 변함없는 마음으로, 상처마저 품으로 안아준 두 분을 늘 가슴에 담고 산다. 삶의 모서리에 마음을 다친 것 또한 생의 한 정거장일 뿐, 유수와 같이 흘러가는 별이 보인다. 비로소 어둠이 고요한 것들을 빛나게 한다.

"새해 복 많이 받으세요." 박 같은 엉덩이들이 들썩인다.

웃음과 울음은 같은 성씨일까?

2025. 설날에.

설레게 늦은 고백

초인종 없는 집, 문 두드리는 소리.

선물이 도착했다고 건장한 남자 두 명이 들어선다. 오백만 원이 훌쩍 넘는 의료기를 설치하려고. 간절히 원했던 물건이어서 기쁘고 고맙다. 드러누워 여러 가지 기능을 확인하면서 무꽃 핀 벌판을 날아다니는 나비처럼 행복하다.

삶이 힘들어져 오랜 기간 어린이집 차량을 운전했다. 온종일 앉아서 일하다 보니 허리가 아프기 시작했다. 어린 시절 운동선수로 활동할 때 허리를 끔뻑한 후 평생을 주기적인 통증에 시달리며 살았다.

시간이 갈수록 발끝까지 저리더니 벼락같은 아픔이 후려쳤다. 병원 갈 시간이 없어 진통제에 의지했다. 삶은 절박했으며 벽에 닿아 있었다. 빚더미에 앉은 현실에서 딸 앞으로 대출을 받아 결혼시켰다. 미끄러운 인생길이 잠시만 삐끗해도 자식에게 피해가 갈까 봐 불안에 떨며 죽어라 일해야 했다.

한쪽 다리가 짐승에게 물어 뜯겨 너덜거리듯 걸을 수 없는 상황에 주저앉았다. 일자리를 잃을까 봐 주인이 눈치챌까 봐 두려웠다. 점심시간을 가까스로 이용해 병원에서 신경차단 주사를 맞았다. 다리로 흐르는 신경이 마비되어 통증이 덜했다. 사정을 아시는 의사는 내게 시간 배려를 해주었다. 이것도 잠시뿐, 한발을 딛지 못하고 하늘이 우지직 내려앉는 무서운 고통과 함께 시간을 갉아먹었다. 의사가 소견서를 써주면서 수술을 권했다. 신경차단 술은 이미 여덟 번을 주사해 위험해서 안 된다고.

수술할 시간도 없지만, 일자리를 잃을까 봐 두려웠으며 수술비도 문제였다. 너무 무서운 아픔에 잠들지 못하고 홀로 많이 울었다. 처방 약을 한주먹씩 먹어도 통증은 사라지지 않았다. 안개 속에서 끝이 보이지 않았던 힘든 길을 걷고 있었다. 수술할 수밖에 없었다. 걸을 수가 없으니.

이년쯤 지나니 다시 다리가 저리고 허리가 아프기 시작했다. 두려운 마음이 앞섰다. 처절하게 아팠던 기억이 남았기에. 시간이 날 때마다 한의원에서 침을 맞고 병원에서 물리치료를 받는 것이 일상이 되었다. 상황을 알고 있는 사위가 값비싼 선물을 보낸 것이다. 물리치료 받을 때마다 탐나던 기계다.

대학교 때 딸과 만나 사랑을 이어가다 결혼했다. 꽃 다리 맑은 햇볕에 가정을 이루고 불혹이 넘은 세월을 함께한다. 생각해보면 가난하고 초라한 집의 사위가 되어서 남이 당연하게 누리는 장인 장모의 사랑이 늘 허기졌을 것이다.

둘이 연애할 때는 노파심에 걱정이 많았다. 힘들지만 모든 걸 바쳐서 곱게 키운 딸이다. 어린 시절엔 물질이 차고 넘쳐 많은 걸 준비시키고 기대도 많았다. 총명했기에. 결혼까지 못 가고 헤어지게 되면 혹여 내 팔자를 닮을까 봐, 남자 친구를 불러들였다.

전남 화순이 고향이던 사위를 전주의 한 레스토랑에서 만났다. 눈이 맑아 순수하고 착해 보였다. 사랑하냐 물으니 창포꽃 벌어지듯 해맑게 웃었다. 결혼할 거냐 물으니 "네."라고 답했다. 딸이 취업하면 부모님께 인사드리라고 일렀다. 햇볕도 녹일 수 없는 슬픔이 깔린 자식의 울타리가 되어 주길 소망했다.

해가 바뀌고 직장에 입사한 딸을 만나본 후 그쪽 집에서도 결혼을 승낙했다. 광주의 한정식집에서 양가 상견례를 가졌다. 사돈댁은 내가 원했던 가정이다. 형제가 많은 집을 사돈의 인연으로 만나게 해달라 기도했다. 무엇보다 우리 현실을 있는 그대로 받아 주셨고 편견 없이 안아 주셨다. 당사자의 사랑이 중요하다고.

조각구름 널려있는 맑은 날, 광주 호텔 미용실에서 나란히 사부인과 단장하고 성황리에 결혼식을 올렸다. 단출했던 우리와 달리 사돈댁은 여러 대의 버스에 하객이 넘쳤다. 많은 사람에게 사랑을 받으며 성장한 사위는 천성이 착하고 가정적이다. 분꽃이 조그만 꽃잎을 벌리며 피어나는 아름다운 가정을 만들었다. 외로웠던 딸을 한결같은 가슴으로 품으며 아들딸 낳아 사랑으로 기르고 있다. 꽃가지가 휘어지도록.

늦은 나이에 공부한다고 책상에 앉아있으면 목이 아프고 다리가 저린다. 큰돈을 들여 선물로 보내준 의료기에 누워 쾌감에 젖는다. 어느새 한숨 잠이 들어 개운한 몸으로 탄생한다. 내 인생 최고의 선물.

"사위야, 사랑한다."

2022. 9.

후회하지 않는 사과

이혼한 후 어린 아들에게 음성 틱이 생겼다.

인터넷이 발달한 시기가 아니어서 왜 그런지 이유를 몰랐다. 잠시 가만히 있지를 못하고 음 음 음 소리를 냈다. 엄마인 나도 듣기 싫었으니, 반 친구들과 학원 친구들은 오죽했으랴. 담임도 이 상황을 힘들어했다.

갑자기 불안해진 가정환경과 심리적 갈등이 어리고 예민한 아들을 공격해 발생한 돌발 행동이다. 다행히 책에서 읽었던 기억이 있어 틱이라 인지했다. 학교와 학원을 찾아가서 듣기 싫지만 당분간 지적하지 말고 모르는 척해달라며 부탁했다.

가슴이 돌담 무너지듯 와르르 무너졌다. 내가 할 수 있는 건 더욱더 안아 주고 사랑해 주며 따뜻한 집안 분위기를 만드는 것이다. 이런 마음이 약이 되었는지 아들은 순간에 틱을 이기고, 건강한 개구쟁이로 성장해 갔다.

어느 날 학교에서 전화가 왔다. 불안한 내 감정이 선생님께 전달되었는지 차분한 목소리로 말한다. "건이가 많이 맞았어요", "누구에게요?" 여자 짝꿍이 책상 가운데 선을 긋고 아들을 못 넘어오게 했다고. 이걸 본 아들이 짝꿍 책상에 침을 뱉었다. 화가 난 여자애가 욕을 했다. 아들도 화를 못 참고 짝꿍 머리를 쥐어박았다. 늦둥이였던 여자애가 울면서 집으로 전화해 청년 오빠가 달려왔단다. 반 친구들에게 아들을 붙잡아 오라 해서 벽에 세우고 많이 때렸다는 거다.

큰 청년 앞에서 두려움에 떨며 아프게 맞았을 자식을 생각하니 피가 거꾸로 솟았다. 일이 커질 거라 짐작한 선생님 목소리가 석성에 눌리는 게 느껴졌다. 태연히 죄송하다고 말한 뒤 여자아이 집 위치를 물었다. 마음과 몸이 이성을 잃어 일찍 일터를 벗어났다.

이럴 때 내 엄마는 어떻게 했을까. 아마 당장 달려가서 큰 청년의 멱살을 잡았을 거다. 그리고 이렇게 말했을 거다. "눈에 넣어도 아프지 않을 내 새끼." 보기도 아까운 자식이라며, 눈을 치켜뜨고 소리 질렀을 거다.

집에 도착한 후 딸과 아들을 데리고 제과점에 들려 케이크를 샀다. 담임이 알려준 짝꿍 집은 오래된 5층 건물이다. 벨을 누르니 퉁퉁하고 털털하게 생긴 여자가 문을 열었다. 집은 좁고 어두웠다. 정리하지 않은 세간살이가 널브러져 있다.

주방 옆 식탁에는 야구모자를 깊게 눌러쓰고 한쪽 발을 식탁 의자에 올린 채 밥을 먹고 있는 청년이 보인다. 우리를 보고 약간 당황한 듯 자세를 바꾸더니 고개를 푹 내려 허겁지겁 숟가락으로 무언가를 퍼 올리고 있다.

우리는 엄마와 딸을 마주 보고 앉았다. 내가 먼저 눈을 바라보며 침묵을 깼다. 그리고 정중하게 말했다. 제가 일하러 다니느라 자식 교육을 잘못시켜 이런 일이 생겼다고, 죄송하다고. 마주 앉은 엄마는 어색한 표정으로 입을 다문 채 내 눈빛을 피했다. 한쪽 치마에서 삐져나온 발가락만 만지작거렸다.

나는 아들과 짝꿍의 손을 잡아 포개고 따라서 말하라 했다. "친구야 미안해 내가 잘못했어, 앞으로 사이좋게 지내자."라고 선창했다. 어린 아들은 망설이는 듯하더니 오리 새끼처럼 따라 했다. 여자아이는 배시시 수줍게 몸을 틀며 웃기만 한다.

속마음은 청년을 불러 무릎을 꿇리고 싶다. 내 새끼를 때린 것처럼 귀싸대기를 쳐올려 험한 말을 하고 싶다. 침을 두어 번 삼켰다. 아니, 그의 엄마가 청년을 불러 어린애를 무자비하게 때렸으니 정중히 사과시킬 줄 알았다. 어쩌면 청년이 성큼성큼 다가와 많이 아팠을 텐데 미안하다고 말해주길 바랐다. 내 착각일뿐, 그들은 모두 침묵했다. 미안함을 녹여줄 케이크를 전해주고 나왔다. 당황한 눈빛이 멍하니 우리를 배웅한다.

집으로 돌아와 비 맞은 수탉처럼 기죽어 있는 아들 손을 가슴에 대고 말했다. "앞으로 남을 때려야 할 일이 생기거든 엄마를 먼저 때려라." 알 수 없는 감정이 밀려와 큰 소리로 울었다. 당황한 아들에게 할 말 있으면 해보라 말했다. 그러자 주저 없이 시무룩하게 말한다.

"우리도 못 먹는 케이크를 왜 사다 줘."

2023. 12.

아들, 저녁에 먹고 싶은 거 있니?

한 여자가 소리죽여 울고 있다.

구급차의 울음소리가 비에 젖어 떨리고 애처롭다. 깊은 설방삼이 가슴으로 먹물처럼 스며든다. 고통을 호소하는 아들 옆에서 내가 할 수 있는 건 자책하는 것과 믿음 없이 기도하는 것뿐이다. 누구 하나 연락할 사람, 같이 울어줄 사람을 감정에 저장하고 있지 않다. 차마 아들 상태를 입 밖으로 뱉어 내는 게 죄인 듯싶다.

사랑하는 사람과 자식 낳고 평범하게 사는 게 인생인지 알았다. 따뜻한 가정을 어린 시절부터 갈망했다. 나를 보호해주고 내가 의지할 수 있는 강한 남자, 난 아들을 낳고 싶었다. 아마도 여자 혼자서 험한 세상을 살았던 엄마를 보면서 자란 서글픈 소망이리라.

딸을 낳은 뒤 임신이 되지 않았다. 동네 의사의 소견서를 들고 불임에 관해 유명한 병원에서 상담했다. 큰 비용을 지불하고 3시간을 마취하여 수술했다. 의사는 내게 임신할 확률이 70%라고 말했다.

아들은 나를 만나러 광활한 우주에서 날아왔다. 난 임신했다. 믿어지지 않는 현실을 인정하려고 배가 불러오기도 전 예쁜 임부복을 입고 시내를 쏘다녔다. 나날이 보름달처럼 둥글어지는 배를 보면서 임신했다는 게 자랑스러웠다.

마취에서 깨어나기도 전에 "아들이야?"라고 묻는 내게 남편은 아들이라고 말했다. 우리 부부는 손을 붙잡고 한없이 울었다. 이유는 알 수 없었지만, 기쁨의 눈물이었다. 세상에 태어나 가장 기뻤던 내 삶의 한 단면이다. 누구도 부럽지 않았다. 원초적인 외로움과 한이 봇물 터지듯 휩쓸려 내려갔다.

행복했으나 행복은 영원하지 않았다. 잘살아 보려 발버둥 쳤지만 내 힘으로 해결될 일이 아니었다. 가정의 모든 부채를 송두리째 떠안고 우리는 헤어졌다. 자식들을 데리고 경매로 넘어간 둥지를 빠져나왔다. 여기저기 월세를 전전했다. 무너진 삶은 빚더미의 소용돌이에 휘말려 계속 가라앉고 있었다. 자식들이나마 소용돌이 밖으로 밀어내려 애면글면했지만, 이럴수록 늪이 벌린 입에서 빠져나오기가 힘이 들었다.

가스가 끊기고 하루 먹을 쌀이 없었다. 채권자는 들개처럼 우리를 뜯어 먹으려 했다. 누구에게 도움을 청할 곳도 없었다. 장맛비에 계곡물이 불어나 정신없이 떠내려가는 육신과 영혼을 벗어 버리려 했다.

차마 자식이 눈에 밟혀 마음을 잡아야 했다. 바위에 부딪히고 짓이겨지면서 손끝에 닿은 힘없는 나뭇등걸 하나를 잡고 기어 올라왔다.

이것이 엄마라는 삶의 길이었다. 신용불량자가 되어버린 난 몸으로 힘들게 하는 일 외엔 일자리가 없었다. 나쁜 일만 빼고 해보지 않은 게 없다. 마트, 트럭 운전, 호텔 주차요원, 음식점 서빙, 대리운전, 유치원 차량 운전, 옷가게 점원 등에 이르기까지. 두세 가지 일을 해도 거지처럼 쪼들렸다.

두 주먹을 불끈 쥐고 피눈물 흘리며 살았다 하루하루가 투쟁이었다. 정글에서 자식을 품 안에 끌어안고 두려움에 소리 내 울지도 못했다. 사람에게 상처받아 영혼이 죽어가는 것이 슬펐다. 빚을 갚아가며 떳떳하게 살려 발버둥 쳤다. 세상에서 기죽거나 비굴하지 않았다. 당당하게 뼈가 가루가 되고 눈물이 강물 되어 흘렀다. 젊은 날도 그렇게 허망하게 사라져갔다.

어느덧 딸은 결혼하여 내가 평생 누리고 실고 싶었던 가정을 만들었다. 아들딸 낳아 행복하게 잘살고 있다. 아들이 군대 다녀와 사업을 하니 난 삶에 무거운 누더기를 훌렁 벗어 던졌다. 한 번도 나를 위해 살아보지 못한 내게 대학이라는 큰 상을 선물했다. 행복하고 즐거웠다. 이 행복을 누리는 내가 교만이었을까?

단순 장염으로 응급실을 찾았던 아들은 염증 수치가 너무 높아 중환자가 되었다. 통증이 심해서 발가락도 움직이지 못하는 아들을 보고만 있다. 아무것도 해줄 수 없는 내가 괴롭다. 대신 아플 수만 있다면, 밤을 낮처럼 24시간 병마와 싸우는 아들 곁을 지키는 일 밖에.

다행히 이곳에도 슬픔만 존재하는 건 아니다. 함께 밥을 먹으며 휠체어에 덩치 큰 아들을 태우고 어린 시절을 추억한다. 산책하며 커피숍에서 차도 마시고 소중함을 확인한다. 이생에 다시 못 올 마음의 행복을 위로 삼았다. 내 할 일 다 했다고 혼자 자만했었나 보다. 홀로 키운 자식 잘 키웠다 칭찬하는 사람의 말을 당연하다 생각했다. 감사하지 못하고 교만 떨며 즐겼다. 자신을 뒤돌아보며 내 죄인 양 자책하고 반성하며 모든 것을 받아들였다.

완치할 수 없는 희소병 불치의 병이다. 아들은 나를 닮아 의지가 강하고 인내력과 두뇌가 비상하다. 꾸준한 운동과 자기와의 싸움에서 이길 것이다. 엄마가 그랬듯이 인생을 개척해 나갈 거라는 걸 믿는다.

독립 생활하던 아들이 집으로 돌아왔다. 늙고 아픈 엄마지만 사랑의 품은 큰 것임을 깨달았나 보다. 텔레비전이 켜졌나. 청소기와 세탁기가 돌아간다. 일상이다. 먼지에 덮여 존재감을 잃어가던 주방 집기가 반짝 윤이 난다. 내 가슴도 첫사랑을 다시 만난 듯 설렌다.

"아들! 저녁에 먹고 싶은 거 있니?"

2023. 11.

봄은 다시 오리니

봄기운이 창문으로 들어오자 달력 한 장 찢기어 사라진다.

삼월 첫날 비가 내린다. 물이랑에 내리는 꽃잎을 가지고 오겠지. 늦잠을 잔 아들이 일어나 서두른다. 개학이 낼모레니, 엄마 옷을 사러 가자고. 살면서 자식 외에는 선물을 받아본 적 없다. 평생을 베풀어야 했다. 타인의 좋아하는 모습이 좋아서 그렇게 살았다. 세월이 깊어진 탓일까? 나도 무언가를 받고 싶을 때가 있다.

아들은 지난주 출고한 새 차량의 시동을 걸어놓고 있다. 나름, 엄마를 태우고 시승식 겸 백화점에 가자는 거다. 차 문을 열어주며 환하게 웃는 걸 보니 남몰래 차오르는 눈물 한 방울, 울컥해진다. 흐르는 음악 속에 마음을 말린다. 잘 보이지 않는 미래에 대해 애타고 조바심내지 않았다. 아들을 믿었기에.

직장에서 독립해 직원 월급을 주는 대표가 되었다. 그동안 중고차와 여러 번 이별했다. 얼마 전 값비싼 차량까지 구매했다. 기특하고 장하다. 그리고 미안하다. 가랑잎 하나 보태주지 못한 엄마다. 풀밭 위 습진 땅바닥에 홀로 몸에다 불을 켠다는 게 얼마나 힘겨운 일임을 알기에.

점심을 맛있게 먹고 커피를 마신 후 백화점에 도착했다. 주말인데 연휴까지 겹쳐 가족 단위로 사람이 북적인다. 아들의 손을 잡고 눈과 고개를 올빼미처럼 빠르게 움직인다. 이 순간 나만큼 행복한 사람이 몇이나 될까, 슬픔이 기쁨인 얼굴을 하며 살았던 보상일까. 오롯이 홀로 힘들었던 자식 키운 보람일까 생각한다.

이것도 입어봐요. 다른 색으로 하나 더 사요. 또 골라보세요. 속없는 엄마는 아들이 시키는 대로 여러 벌의 옷을 들고나왔다. 헤벌쭉거리며. 평소 좋아하는 '비비 킹'의 라이브 음악을 틀어 준다. 그리고 속삭인다. 엄마는 원래 품위 유지비가 많이 드는 사람이잖아요.

어느 해였던가, 불덩이처럼 뜨겁게 솟구치던 분노의 활화산을 잠재워야 했다. 진실이 부정당하던 현실 일터를 벗어나야 했던 난 막막했다. 말복이 지난 여름이지만 지치게 뜨거웠다. 황방산을 올랐다. 무성하게 자란 나무 사이로 습기 먹은 땅을 밟았다. 헉헉 기어 나오는 뜨거운 열기를 품어내려 얼마나 애썼던가.

나뭇잎 사이사이 숨어 울어대던 새소리와 잎사귀 비벼대는 소리가 들렸다. 고개를 들어보면 푸른 잎 사이로 쏟아지던 햇살이 창창했던 늦여름이었다. 흰 구름의 고독을 보았고 집을 지은 새의 외로움을 느꼈다. 길이라 생각하고 달려왔으나 그것은 길이 아니었음을 깨닫는 건 많은 시간이 필요치 않았다. 하나도 서럽지 않았으며 두 번 원통하지 않았다. 숨을 게워내며 산에 오를 때 가슴속 불꽃을 사그라뜨릴 수 있었다.

등산객을 위하여 만들어 놓은 낡은 의자가 지친 눈에 들어왔다. 처음부터 낡고 초라하지는 않았을 터. 홀로 남겨진 슬픔만 존재했다. 비바람 눈보라에 묵묵히 바보처럼 엎드려 있었다. 의자 한 귀퉁이에 엉덩이를 내리고 자신을 위로했다. "괜찮아." 마음에도 길이 있어 신발을 신고 돌아오지 않을 길을 떠났다.

운전하며 돌아오는 햇살 구부러진 들판에 새로운 길이 눈에 들어온다. 그토록 갈망했던 길, 대학교 수시 신입생을 모집하고 있었다. 스치듯 담아온 전화번호. 불가능이라 치부했던 가능에 관해 가슴 졸였다. 허망하게 세월을 살아낸 마른 나무가 학생이 될 수 있는지 운명을 붙잡고 싶었다. 친절하게 용기를 주셨던 상담 선생님은 낯선 길로 들어가는 열쇠를 선물로 주셨다. 다음날 서류를 준비해 학교를 방문했다. 잃어버린 첫사랑의 설렘이 가슴속으로 퍼져 나가고 있었다.

무엇을 이루고 어떤 사람이 되고 싶었던 세월은 허망하게 가버렸다. 대학생이 되었음이 행복했다. 주변 사람은 나이 먹어 힘들게 인생을 살려 한다며 수런거렸다. 아들딸만이 용기를 주었다. 밥을 벌며 학교에 다니는 건 결코 쉬운 일은 아니다. 건강까지 잃은 내게는.

늦게 하나님의 뜻을 깨달아 신학을 복수전공 했다. 올해는 학점이 부족해 마음 졸이며 더 열심히 공부해야 한다. 두려운 것은 시간이다. 찰나의 세월이 흐르고 벌써 4학년이 되었다. 사무친다는 건 대상의 가슴속에 맺히고 싶다는 거다. 힘들었으나 꿈꾸던 삶을 살아내고 있다. 좀 더 일찍 공부할 수 있는 길이 열렸다면 내 삶은 달라졌을까? 인생은 내게 관대하지 않았다. 감사하는 마음으로 하루하루 열심히 살아가고 있다.

"다음 주 미국 LA에 1주일 출장 가요. 엄마도 학교생활 즐겁게 하세요."

"오냐, 음악이 참 좋구나."

봄이 오고 있다.

2025. 3.

사람은 무엇으로 사는가

타인의 삶이 궁금한 이유는 무엇일까.

새로 등록한 교회 권사님이 점심을 같이하자고 연락했다. 몇 번을 말했기에 거절할 수 없었다. 내게 관심을 가지고 전화 주심이 감사했기에. 부푼 마음으로 꽤 먼 길을 운동 삼아 걸었다. 오랜만에 내려온 햇살이 이마에 입 맞추니 눈꺼풀이 저절로 내려오고 입꼬리가 올라간다.

이르게 약속한 탓에 월남쌈 샤부샤부 식당은 조용하다. 단짝 두 분이 환하게 웃으며 나를 맞이한다. 목소리와 감정을 한 옥타브 올려서 인사한다. 맛있게 먹는 사이사이 궁금증을 참지 못하고 불쑥불쑥 질문한다. 오랜 세월 마주했던 인간의 호기심이다. 남편에 대해서, 자식에 대해서 어떤 APT에 사는지 등.

주변인의 삶에 관심이 약한 나는 궁금함도 덜하다. 새로운 교회에 적응하려 애쓰고 있다. 몸 따로 마음 따로다. 힘이 되고 용기를 주는 대화를 기대했다. 60이 넘어서까지 타인의 눈높이에 맞춰 내 인생을 설명해야 하는지, 몸서리쳐지게 싫다. 이제는 남의 시선과 입술에 의해 상처받고 싶지 않다.

직장생활과 인간관계에서 인정받으며 살았다. 비난받아본 적 없다. 마흔이 넘어 헤어나올 수 없는 부채 때문에 이혼했다. 자식을 반듯하게 기르며 긴 시간 산더미 같은 빚을 다 갚았다. 죽을 만큼 열심히 살았는데 남의 입에 오르는 게 약 오르고 화난다. 누가 대놓고 내게 험담하는 일은 없다. 뱉어놓은 말이 돌아다니다 귀속으로 들어와 가슴을 파 헤쳐놓는다.

나는 회피성 불안이 있다. 사람과 가까워질수록 불편하다. 쉽게 속내를 드러내지 못한다. 마음을 들춰 보였을 때 입이 아닌 가슴으로 품어준 큰 사람을 만나지 못했다. 다행인 건 글로써 아픔과 상처를 치유하고 있다. 가까워지지 못하니 다가오는 것 또한 불편하다.

내면의 본 모습보다는 겉으로 드러나는 모습으로 평가하고 호기심을 갖는다. 때가 되면 자연히 알게 될 텐데 기다림에 인색하다. 스스로 상처를 후벼 파서 찌꺼기를 보여주길 원한다. 드러난 상처를 보며, 자신을 위로하는 자와 우월감에 사로잡히는 자도 있다. 남편 자랑, 돈 자랑, 하며 행복하다고 말한들, 한 번도 부러운 적 없다. 누구의 삶이든 행복만 존재하지 않음을 이미 앎이라. 가난해도 서럽지 않다.

어떤 이는 혼자 살아야 할 일이 없어 글을 잘 쓴다고 말한다. 어떤 이는 노후를 걱정하는 척 돈의 중요성과 내 현실을 지적한다. 무례함에 피가 거꾸로 솟지만 참는 법도 배웠다. 본인은 기억이 없어도 가시가 되어 가슴에 박혀 있다. 화를 낼 수 없는 상황과 인간관계다 보니 감정 표출도 못 한 체 벙어리처럼 웃었다.

이익을 위해 남을 아프게 한 적 없다. 늘 나눠주며 손해 본 듯 살았다. 그러나 후회하지 않는다. 이런저런 이유로 사람과 가까이하는 게 불편하다. 늘 혼자지만 외롭지 않으며 편안하고 자유롭다.

교회는 모든 허물을 덮어주고 들춰내지 않아 감사하다. 어쩌면 믿음이 깊어지고 하나님 일을 열심히 할 수 있었던 이유다. 교회도 보이지 않는 곳에서는 세상보다 말이 많다. 이런 집단에 영혼을 가두는 게 힘들다. 모든 것이 회피성 불안 증상이다. 타인만 탓할 일이 아니다. 거기에는 나의 생김새가 한몫한 것 같다. 빈곤해 보이지 않는 당당함 때문일까, 차갑나 못해 서반해 보여서일까, 내년을 읽어주시 않음이 야속할 때도 있다.

두 분 모두 공무원 아내로서 밥걱정은 안 했으리라. 세월을 나보다 더 많이 겪었기에 기대 또한 컸다. “제가 드린 책 안 읽어보셨나요?” 이런 날이 올까 봐 앞서 『이번 역은 문학녘』을 드렸다. 아직도 궁금증이 사라지지 않았다. 여름에 캠핑장에서 일하느라 교회 출석을 못 하니 더욱더 궁금했을까? 채소를 보충하는 척 일어서서 계산을 마쳤다. 민들레 꽃씨였던 마음은 이미 사라지고 없다. 다음을 기약하지 않으려면 밥값을 먼저 계산하는 건 기본.

조용한 카페로 자리를 옮겼다. 호기심에 두 눈이 초롱초롱해진다. 캠핑장이 누구 것인지에 대한 궁금증이다. 책은 읽었어도 이해하기 힘들었다고. 영적으로 뿌리를 내리지 못한 나무의 지지대가 되어주길 기대했다. 부질없이. 그들 앞에서 의무감으로 입술을 조아리는 내가 미웠다. 누군들 평범하게 살고 싶지 않을까 인생이 어찌 내 탓만이겠는가.

카페를 나왔다. 발가벗겨진 기분이다. 속울음의 나이테는 굵어졌건만 괜한 서러움에 마냥 걸었다. 추위는 곁에 머물고 쉴새 없이 찬바람이 볼을 긁는다. 전동성당 앞 건널목에 섰다. 맞은편에 지난날 꿈을 꾸던 새하얀 얼굴의 단발머리 소녀가 서 있다. 눈동자가 붉다. 안아주고 싶다.

남부시장 다리에 서서 내려다보는 전주천. 억새는 서로 기대어 겨울을 난다. 출렁이던 물결은 사라지고 살얼음이 등을 보인다. 햇빛 짱짱했던 여름, 친구들과 개구리 헤엄치며 깔깔대던 곳. 시린 오리 발가락이 보인다. 깃털 속으로 바람이 헤집고 들어간다. 세월은 가고 길 위의 기억은 흐려졌다. 얼음 위로 내밀었던 가느다란 햇살도 사라지고.

사람은 무엇으로 사는 걸까.

2025. 1.

붕어를 낚는 여인

“아무래도 피부암인 거 같아.” 그녀가 말한다.

중학교에 입학한 첫날 복도에서 마주친 아이가 그녀다. 키가 크고 덩치가 커서 구성이 없었다. 그녀는 나의 유년 시절과는 달랐다. 굴착기 사업을 하시는 부모 형제와 부자만 사는 동네에서 살았다. 공부에는 관심이 없는 모습이 신기했다. 우리는 긴 세월 함께했다. 지난번에 건네준 『이번 역은 문학녘』을 읽고 그 시절 내 마음을 헤아리지 못했다며 호수가 보이는 찻집에서 겸연쩍게 말했다.

젊은 날 레스토랑을 하며 자금에 쪼들렸다. 대출을 신청하려고 보증을 부탁했다. 그녀는 광주에서 어린이 의류 대리점을 크게 하고 있었다. 전주로 한걸음에 달려와 보증을 서 주었다. 서로의 삶에 그림자처럼 깊게 들어와 있었기에 당연하다고 생각했다. 이후에 가게를 처분했으나 돈을 갚지 못해 그녀가 집을 팔아 대신 은행 빚을 갚았다.

삶이 나락으로 떨어졌다. 우리는 누가 먼저라고 얘기하지 않았으나, 서서히 멀어지다가 소식이 끊겼다. 힘든 삶을 살면서 그녀가 많이 생각났다. 능력 없는 내가 밉고 괴로웠다. 15년의 세월이 흘렀다. 자식들은 성장했으며 묵은 때 같았던 빚을 다 갚았다. 남은 건 세월이 가르쳐준 추억, 멀어지는 모든 것은 다 가까웠던 것이었다. 여기저기 수소문해 그녀를 찾았다. 강산이 변하듯 그녀도 인생에 많은 변화가 있었다.

여름에는 식당에서 힘든 주방일과 겨울에는 붕어빵 장사를 하며 살고 있었다. 삶에 찌들어 비린 그녀를 보니 어이가 없었다. 마음은 강퍅하고 적대심이 강했다. 대신 갚아준 돈을 이자까지 되돌려줄 수 있게 해준 하나님께 감사하다. 나도 생활이 여유롭지 않았으나, 돈을 돌려주고 친구를 다시 찾아왔다.

일손을 쉬고 있는 그녀와 몇 번의 여행을 다녀왔다. 비로소 예전의 친구로 돌아오는 것 같았다. 힘든 나날을 어느 물결에다 뿌려 놓았을까. 마른 시래기 사이로 지나가는 허기진 바람처럼 그리움이 우는 소리를 들었다. 나의 삶을 보고 무엇을 느꼈는지 알 수 없으나 그동안 쉬고 있던 교회도 열심히 나가고 있다.

여행길에 저녁을 먹으며 샌들 밖으로 나와 있는 발가락을 보여줬다. 발톱에는 세로로 검은 줄이 그어져 있다. 순간, 흑색종이구나 생각했다. 친구도 인터넷을 검색하고 병명을 알아보았는지 수술받을 병원까지 마음으로 정해놓은 상태였다.

한 달 지출해야 할 돈이 너무 많아 하루도 쉬지 못하는 그녀다. 수입 이상의 보험료는 무리라고 잔소리했다. 시간을 우려내 내면을 들여다보고 울림을 들어보라고 했다. 그녀의 고집은 불통이다. 삶이 힘들기에 혹시나 병에 걸렸을 때를 대비한 거란다. 이번에 피부암으로 진단받으면 거액의 보험금이 나온다고 말한다. 생각해보니 식당 일과 노점상을 하며 힘들게 사느니, 간단하게 수술하고 보험금을 받아 작은 가게라도 운영하면 좋겠다는 그녀의 말에 현혹된다.

햇살이 중년 여인처럼 수굿해진 초저녁이다. 사람과 차들이 바삐 움직이는 좁은 삼거리 모퉁이에 그녀가 있다. 차가워진 날씨 탓일까, 어묵의 몸뚱이를 구멍 낸 대나무 꼬챙이가 수북하다. 그녀가 알아볼까 봐 쥐새끼처럼 스쳤다. 고양이처럼 숨어서 지켜보았다. 얇은 비닐 마차 속으로 펄럭이며 바람이 들어간다. 오가는 사람이 많아서일까. 날씨가 쌀쌀해서일까. 많은 사람이 숭어 지느러미처럼 좁은 포장마차에 고개를 들이밀고 있다.

노점상이 자리만 좋으면 식당 일보다 수입이 쏠쏠하다 했던 말이 생각난다. 좋은 자리라는 건 유동 인구가 많거나 학원과 학교가 인접한 곳이다. 이런 곳은 수시로 민원이 들어와 단속반에 쫓기면 솔새처럼 날아야 한다고.

며칠 후 전화가 왔다. 병원에 다녀왔다며. "흑색종이었으면 벌써 죽었단다." 무좀이래. 식당 일하다 보니 발톱에 무좀균이 생긴 거다. 암이 아니어서 기뻐해야 했다. 암이 아니어서 기쁨이 아닌 힘이 빠진 목소리다. 이상하게 나도 기쁘지만은 않았다. 날씨는 겨울을 향해 달려가고 그녀는 단속에 걸려 자리를 또 옮겨야 한다. 어둠 속에는 어둠만이 존재하지 않는 법, 하나의 별이 더 많은 별을 불러올 것이다.

오늘도 그녀는 붕어빵을 닮은 붕어를 낚고 있다.

2024. 10.

마지막 별이 조문을 마칠 때까지

극심한 우울감에 축축한 몇 주를 보냈다.

과거에 마주했던 녀석과는 많이 다른 음침한 기류다. 보이지 않는 존재 뒤에 웅크리고 있는 불안한 덩어리가 내게 나쁜 감정을 분수처럼 품어댄다. 친구와 여행을 가자고 마음을 합했다.

그녀는 세월호가 침몰한 진도 팽목항에 다녀오자 했다. 생각해보니 올해가 10년이 되었으며 사월이라는 게 떠오른다. 많은 사람이 잊고 살아가고 있다. 그녀는 해마다 버스를 몇 번 갈아타고 팽목항을 방문했다고. 한 번도 가보지 못한 나는 과거를 회상하며 처절하게 삶이 힘들었다고 마음속으로 변명했다. 고속도로 저편 꽃은 다시 태어난 기쁨에 수런거린다. 그녀는 젊은 날 둘이서 함께했던 여행을 잊지 않고 어제 일처럼 재잘댄다. 기억 아래 먼지처럼 쌓인 추억이 듬성듬성 떠오른다.

우리는 중학교 1학년 같은 반이었다. 긴 세월 가까이서 함께했다. 내가 힘들어질 때 거액의 보증을 서주었고 갚을 능력 없는 나 대신 아파트를 팔아 본인이 다 갚았다. 고통이었던 삶에 휩쓸려 다니다 그녀와 연락이 끊겼고 소식도 모른 채 15년을 보냈다. 다시 만났을 때 우리에게 세월은 찰나였다는걸 알았다. 그녀의 삶은 많이 힘들어져 있었다. 보증 서줬던 돈을 이자까지 되돌려줄 수 있게 하신 하나님께 감사드린다. 콩 한 쪽도 나누며 함께 노후를 보내리라 다짐한다.

목포에서 짐을 풀었다. 당일 진도 여행은 힘들다고 아픈 나를 배려한 그녀의 마음이다. 예약한 호텔은 최근에 건축해 깨끗하고 조용하다. 땅거미가 내리자 시장기가 돌았다. 맛있는 걸 먹으려고 들뜬 마음으로 부둣가로 나갔다. 지친 몸을 쉬고 있는 어선 사이로 갯비린내가 후각을 자극한다. 멀리 있는 섬에 불빛이 보이고 하늘에는 개밥바라기별이 수줍다.

민어회를 먹어야 한다는 그녀를 따라 여러 횟집을 어슬렁어슬렁 지나쳤다. 민어 전문점이 따로 있어 오래된 할머니 집을 물어서 찾아갔다. 방금 생을 마감한 민어회에 수술한 후 갈망했던 술잔을 마주 댄다. 짜릿하고 느리게 가슴속으로 길을 낸다. 서서히 저며 드는 느낌은 잡다한 생각 보따리를 풀게 만든다. 의식 저편에 감추어진 알 수 없는 불안의 한 토막을 비워내게 만드는 묘한 매력이 있다.

우리는 몇 번의 건배를 하며 깔깔대다가 목소리를 높이며 걸었다.

검은 하늘에 별은 사라지고 없다. 그녀와 함께 새벽까지 묵은 이야기를 기억해 냈다. 창밖은 검은 바다와 정처 없이 서 있는 외로운 불빛의 사연이 궁금하다.

다음날 진도로 가는 길은 잔뜩 흐리다. 나 살던 곳은 꽃 잔치가 한창인데, 바람에 몸이 떠밀린 무수한 꽃잎이 유리창으로 흩날린다. 차를 세우고 조용히 귀 기울여 본다. 어느새 지붕은 꽃상여가 된다. 소리 없는 울음소리를 듣고 있다.

팽목항에 도착하니 진눈깨비 같은 비가 내린다. 이곳의 꽃도 서둘러 떠날 채비를 하고 있다. 무거운 구름이 바다를 내려다보고 있다. 갈매기 한 마리 날지 않는 차갑고 쓸쓸한 팽목항, 우릴 표정 없이 맞이한다. 조용한 물줄기는 실뱀처럼 흔들리며 천천히 바다 위로 떨어져 흩어진다.

멀고 먼 하늘에는 어제 없던 눈물이 박혀 있다. 누군가를 기다리다 낡아 문드러진 노란 리본이 초라하다. 너무 멀어서 바라만 봐야 하는 쓸쓸한 섬처럼 나풀거린다. 긴 방파제 옆으로 하늘의 별이 된 수많은 이름이 돌에 새겨져 있다. 가까이에는 눈물에 젖어 흐릿한 그리움을 전하는 사연이 줄지어 서 있다. 그리워서, 미치게 보고 싶어서 가슴속 심장을 파헤치며 써 내려간 사연이다. 작은 손편지가 낙인처럼 박혀 버린 발자국만큼 쌓여 있다.

면도칼로도 도려낼 수 없는 기억 속, 아픈 그곳에 작은 꽃다발과 과자를 놓고 기도한다. 잊힌 설움은 안개처럼 팽목항에 내려앉고 '하늘에 부치는 편지'라고 쓰여 있는 빨강 우체통 앞에서 쓸쓸한 죽음의 냄새를 맡는다.

아마도 그날은 벌겋게 익은 파도가 밀려왔을 거다. 무심한 얼굴의 하늘을 보았을 거다. 누가 말했던가. 살은 타는 거고, 뼈는 우는 것, 뼈와 살이 함께 울고 탈 때 그건 새끼가 아플 때라 말한다. 수많은 눈망울이 공포에 떨며 사라져갈 때 부모의 살과 뼈는 다 타서 재가 되었을 거다. 흩날려 버렸을 거다.

밀려가고 밀려오는 물결 위에 억만 개의 사연이 왔다 사라진다. 그곳으로 갈 수 있는 길은 있는 듯하나 결국 어디에도 없다. 이리도 살이 아픈 나는 어찌 끝내 바닷길 언저리에 서 있을까, 기억해야지.

마지막 별이 조문을 마칠 때까지.

2024. 4.

그런데, 그녀는 왜 울까요?

오늘 아침 음악은 재즈군요. 그것도, 세상을 떠나간 사람이 연주하고 불렀던.

꿈일까요? 안개가 자욱했던 그날, 엄마와 함께 길을 걷다가 알 수 없는 괴물이 스쳤어요. 엄마는 피를 흘리며 누워 있네요. 환상처럼 남아 있는 기억입니다. 저는 무서워 마구 도망갔어요. 다시 돌아와 보니 눈을 뜬 채, 숨을 쉬지 않아요. 엄마는 저를 두고 어디로 갔을까요?

한없이 울다가 정신을 차려보니 그녀의 집이었어요. 저를 데려온 건 그녀의 아들이고요. 그런데 아들에게 막 짜증을 내는 거예요. 이유는 제가 피부색이 어둡고 눈동자가 순수하지 못하다고요. 불안이 연기처럼 스며들었으나 무심한 듯 허공을 바라보았어요. 그녀에게는 얼씬도 못 하고 아들 옆에서 하루하루를 보냈어요.

아들이 군대에 간다고 집안이 술렁이네요. 두려운 마음에 가슴이 작아져요. 불안한 마음을 진정시키며 조용히 구석에 앉아있었죠. 아들이 사라지자 신기한 일이 벌어졌어요. 그녀는 다정한 눈빛으로 매일 안아줘요. 볼을 잡고 콧잔등에 입맞춤해요. 매일 맛있는 밥과 간식을 챙겨줘요. 잠을 잘 때도 그녀와 함께였어요.

그녀가 일하러 가면 혼자 있기 지루하고 힘들어요. 무작정 집을 나왔어요. 밖에는 아이들이 많아요. 저처럼 집을 나온 걸까요? 어리둥절한 제게 모여들더니 예쁘다며 툭툭 건드려 보내요. 쥐어박기도 하고 구석에 몰아넣어요. 이러더니 먹을 걸 훔쳐 오라 윽박질러요. 너무 무섭고 두려워 달아나고 싶어요. 가는 길을 잃어버렸어요. 울면서 당할 수밖에요. 후회하기는 늦었다는 걸 알게 되자 눈물이 나와요.

아이들은 시끄럽다며 저를 더욱 괴롭혀요. 너무 배가 고파요. 훌쩍이는 내 귓가로 귀에 익은 목소리가 들려요. "명희야! 명희야!" 꿈인가 생시인가 소리 나는 쪽으로 달렸어요. 그녀가 저를 찾아 사방팔방 헤맨 거예요. 헝클어진 머리와 오물이 묻은 모습이지만 우리는 서로를 금방 알아요. 그녀의 품에 안기자. 냄새나는 콧등에 연신 뽀뽀하잖아요. 참나!

다음날 저는 그녀의 손에 이끌려 어딘가로 갔어요. 생전 처음 콧속을 후비는 알 수 없는 기분 나쁜 냄새가 자극하더군요. 그녀는 하얀 옷을 입은 남자와 번갈아 나를 바라보며 말해요. 얼핏 들으니 저의 가출 사건을 다 일러바치는 거예요. 이러더니 저를 두고 가네요. 버림받았다고 생각하니 너무 슬퍼요. 내보내 달라 애원했으나 모두 다 표정 없는 냉혈 인간이에요.

양다리 양손을 묶고 날카로운 무엇이 살갗으로 들어오나 싶더니 정신을 잃었어요. 며칠이 지났나 봐요. 그녀가 왔어요. 저는 화가나 뾰로통했어요. 저의 모습이 안쓰럽다며 품에 따뜻하게 안아줘요. 나중에 생각하니 자꾸자꾸 가출할까 봐 그랬나 봐요. 그때 저는 여자도 남자도 아닌 몸이 되었어요. 저는 원래 남자거든요. 이해할 수 없는 건 그 이후로 그녀를 애태울 생각과 가출하고픈 생각이 없어졌다는 거예요. 이상한 일이죠? 그렇게 우리는 10여 년을 행복하게 살아요. 혼자 있을 땐 외롭고 심심했어요. 조용한 걸 좋아하는 그녀와 살다 보니, 어느새 물들더군요. 재롱떨고 말썽부리는 애들하고는 수준 차이가 나요. 저도 생각하는 걸 좋아하거든요. 조용히 사색을 즐기는 저에게 심심해서 그런다며 안쓰러워해요. 내 마음도 모르면서.

그녀가 눈을 감고 음악을 느껴요. 오늘은 '멜라니 샤프카'네요. 우울한 것 같아요. 저도 곁에서 조용히 듣고 있어요. 책을 읽거나 책상에 앉아 글을 쓸 때면 저는 심심해서 징징대기도 해요. 하던 일을 멈추고 저를 안아줘요. 따뜻한 음성과 손길이 제 몸을 스치면 눈이 감기고 꿈나라에서 헤매죠. 그녀의 마음속 1위는 저예요.

제가 요즈음 이유 없이 물을 많이 마시고 소변을 자주 봐요. 화들짝 놀라 걱정하기 시작해요. 낮에도 밤에도 나를 바라보는 눈빛이 달라졌어요. 가끔 달그림자처럼 흔들려요. 오랜 세월 간식을 잘못 먹여 당뇨병에 걸린 거 같다며 호들갑 떨어요. 사실 집에 우리 둘뿐이라 듣는 이도 없지만요.

평소 전화 통화를 싫어하는 그녀가 아들딸에게 전화해요. 볕 좋은 창가에 앉아 지그시 눈 감고 듣고 있어요. 걱정을 전달하는 소리가 들리네요. 사실 그녀의 자식도 항상 저의 안부를 묻거든요. 저는 이렇게 소중한 존재랍니다. 소변이 왜 이렇게 자주 마려운지 물은 또 왜 이렇게 맛이 있는지 모르겠어요. 살이 빠지기 시작하더니 시도 때도 없이 졸려요.

오줌을 많이 싸서 청소하기 힘들다 두런두런 슬픈 음성으로 혼자 말해요. 저는 알아요. 저에 대한 걱정이라는걸. 제가 선천적으로 입이 짧아 밥은 아주 조금 먹고 비싼 간식만 달라고 투정 부렸어요. 제 마음을 알아서 맛있는 걸 아끼지 않아요. 저를 사랑하는 만큼 저도 오로지 그녀만 사랑해요. 단 한 번 제 마음 누구에게 흔들린 적 없어요. 그녀는 제 볼을 두 손으로 움켜잡고 눈 맞추기를 좋아해요. 속삭이듯 말하죠.
"명희야, 사랑해."

아침 일찍 무거운 표정으로 저를 안아 이곳에 왔어요. 냄새는 저를 알고 저도 흉악한 냄새를 알아요. 병원이에요. 주사를 맞으니 정신이 몽롱해요. 몸을 기계에 뉘고 번쩍 사진을 찍어대요. 끈적인 무언가를 배에 바르고 뭉툭한 걸로 문질러 대요. 한쪽에서는 손에서 피를 뽑고 난리네요. 화나고 두려워요. 그녀 얼굴을 보며 드러나려는 다혈질 성격을 감추었어요.

내가 듣고 있다는 걸 무시한 채 의사가 심각하게 말해요. "사모님처럼 마음씨 좋은 주인이 어디 있나요. 명희는 고양이로 태어나서 그동안 호강했어요. 이제는 마음 내려놓고 병이 악화하면 다시 오세요. 제가 안락사시킬게요. 명희도 정말 행복했을 거예요.

"그래요. 저는 행복했어요. 그런데 그녀는 왜 울까요?"

2025. 1.

아모르파티

해 질 녘, 설움이 타는 가을 바다.

선혈을 두른 지구만 한 몸뚱이가 바다 끝자락에 소리 없이 서 있다. 망설이듯 주춤거리더니 이내 몸을 던진다. 물기둥은 솟지 않는다. 술렁거리지도 않는다. 소리 죽은 바다. 하늘 끝 언저리가 붉게 젖어 있을 뿐이다.

우리는 거기에 있었다. 모든 걸 비워 하루를 살아내고 하늘을 뒤로 한 채 바다의 품으로 안겨 버리는 그의 죽음과 환생을 보러 갔다. 깨끗한 숙소로 들어섰다. 서울을 지나 강원도로 돌아왔던 피로를 잠시 털어냈다. 전망 좋은 횟집에 앉았을 때 탄성을 지르고 말았다. 서로의 눈동자 속에 빛나는 마지막 해를 보며 건배했다. 어둠이 내리고 술병에

서 떨어지는 별은 우리의 가슴을 서서히 적시고 있다. 서로 만나지 못한 채 10여 년 세월을 그리움으로 대신했다.

지나간 세월만큼 궁금했던 그녀 부모님 안부를 물었다. 그 사이 아버지는 돌아가셨다고 말한다. 아파서 돌아가셨냐는 질문에 단숨에 술잔을 비운다. 그녀가 말을 잇는다. 조용하고 인자하셨던 분이다. 80이 훌쩍 지나면서 건강이 많이 안 좋아지셨다고. 시골에서 농사를 지으셨지만, 평생 품위를 잃지 않으셨다.

젊은 시절부터 몸이 허약하신 아버지는 천성적으로 건강한 어머니를 만났다. 지극정성 아내의 보살핌을 받으며 잉꼬부부로 사셨다. 동네에 소문이 자자했으니까. 아버지가 거동이 불편해지면서 옷에 소변과 대변을 실수하는 일이 생겼다. 자존심 강한 아버지는 인정하기 힘든 현실이었다.

그날은 동네 사람 모두 관광버스를 타고 꽃놀이하러 가는 날이다. 평소였다면 부부가 손잡고 다녀오련만 몸이 아픈 아버지는 모아둔 용돈까지 엄마에게 얹어주며 재미있게 놀다 오라 당부했다. 동네 사람을 태우고 떠나는 버스를, 가을 들녘에 서 있는 허수아비처럼 서서 배웅한다. 집에 돌아와 타지에 떨어져 사는 자식에게 전화했다. 엄마가 꽃놀이에서 돌아올 시간쯤 맞추어서 집으로 모두 오라고.

뉘엿뉘엿 해거름 판 동네 어귀 공터에 버스가 몸을 풀었다. 흥에서 아직 벗어나지 못한 사람들이 홍조 띤 얼굴로 흥얼대며 집으로 흩어지고 있다. 영문도 모른 채 막 도착한 아들딸과 어머니가 만나 집으로 향했다.

평소 같으면 대문 밖에 마중 나와 계실 아버지는 보이지 않는다. 주무시는 것 같다. 아프신 뒤로 약 기운 때문인지 하루 절반을 잠으로 채우셨다. 엄마가 방문을 살포시 열며 말했다. "제, 아버지!" 애들 왔어요. 주무시고 계셨다. 평소보다 깊은 잠에 빠진 거로 생각했다. 방문이 열리고 바람이 먼저 들어갔다. 자식들 눈앞에 낡은 수첩 한 장이 먼저 온 바람에 부딪혀 들썩거린다. 글을 읽어 내려가는 순간 눈동자와 혀와 심장이 바들바들 떨린다.

"여보! 나이 사오십에 가야 할 몸, 당신의 지극정성에 여태껏 행복하게 살았소. 한평생 형편도 넉넉하지 못하고 몸도 약한 내게 시집와서 고생 많았소. 아들딸 낳아 훌륭히 길러내고 살림을 일구었으니 참으로 감사하오. 남이 누리지 못하는 사랑을 내게 변함없이 부어준 당신 고맙고, 사랑하오. 이제는 부탁이니 일 그만하고 당신만을 위해 살다가 다음 생에 꼭 다시 만납시다." 타다가 멈춘 번개탄과 생명을 다하지 못한 담배 한 개비가 손가락 사이에 끼어 있었다고. 그렇게 가셨다며 친구는 다시 한 잔의 술을 넘긴다.

별도 희미하게 시들어가는 밤. 우리의 마지막 술잔이 맞닿는 순간, 쨍그랑 소리와 함께 까만 갯벌 어디에선가 외치는 소리가 난다.

"아모르파티!"

2023. 11.

되돌아온 길

내 친구는 무당이다. 사람들은 그녀를 상담 선생님이라 부른다.

밤하늘에 마실 나온 별이 있다면, 그 별은 그녀의 눈동자다. 진주처럼 영롱한 눈을 바라보다 미로에서 길을 잃고 만다. 그녀와 난 중학교 3학년 같은 반이었다. 쉬는 시간에 영화나 음악 이야기를 들으려 내 자리에 모여들었다. 친구들 사이에 섞여 가지런한 새하얀 이를 드러내며 수국처럼 웃었다. 그녀를 보며 시골뜨기여서 웃음이 헤프다고 생각했다. 순수한 영혼을 볼 수 없었기에.

어른이 된 후 객사 앞에서 우연히 만났을 때, 더는 시골 청순한 소녀가 아니었다. 부유한 집에 결혼해서 귀부인이 되어 있었다. 젊은 날의 추억과 삶은 그녀와 함께였다. 어른이 되고 자식을 낳았으나 현실적이지 못했다. 울퉁불퉁한 삶의 길을 보행하고 있다는 것도 몰랐다. 인생은 우리가 가고 싶어 하는 길을 안내해 주지 않았다.

거부할 수 없는 운명의 소용돌이 속에서 그녀는 그의 신이 인도하는 길로, 나는 나의 신이 부르는 길로 정해진 길을 갔다. 그녀가 신내림을 받던 날, 어둠이 그물처럼 걷히고 여명이 밝아 오고 있었다. 알 수 없는 여러 모습의 신이 그녀의 의식을 지배하는 걸 보고 있다. 신을 내려주는 어머니는 우리나라 유명한 무형문화재다. 신을 부르는 어머니의 알 수 없는 가락은 목에서 콧구멍을 타고 입안에서 맴돌다가 기어 나왔다. 참았던 가쁜 숨을 뱉어내는 뱀의 탄식과도 같았다.

단조의 가락이 어둠을 유혹하는 화려한 신당은 무겁고 조용하게 술렁거린다. 통으로 발가벗겨 생을 마감한 돼지도 삼지창에 꿰어져 흔들림 없이 균형을 잡고 누워 있다. 하늘로 들어 올려진 신상대가 흔들린다. 영롱한 은방울의 아우성이 달빛을 향해 달린다. 서로의 목소리를 시샘하듯 몸통을 흔들어 댄다. 신이 도착했다는 무언의 알림이다.

넋이 반쯤 나가 멍하니 앉아있는 내 뒤통수를 누군가 낚아채서 끌고 간다. 정신이 두고 떠난 줄을 놓치지 않으려 애를 쓴다. 그녀의 낯선 모습을 보는 나는 상처 없는 통증이 밀려온다. 마음이 한쪽에서 소리 내지 못하고 흐느끼고 있다. 짭조름한 눈물이 입술을 파고들어 온다. 알 수 없는 서러움이다.

어둠이 깊어질수록 굿판은 뜨거워진다. 가락과 곡조에 일찍이 취한 그녀는 바위를 부숴 버리듯 육신을 불사른다. 이생의 업보를 탕감받으려는 듯, 지친 기색 없이 모둠발로 하늘을 향해 높이 치솟는다. 온몸의 세포가 긴장하여 뾰족해진 신경을 위로한다. 차돌처럼 차가운 달빛 아래 시퍼렇게 배를 까발리고 드러누워 눈을 감고 있는 작두. 바람의 허리래도 댕강 자를 듯 독기 어린 빛이 난다.

향불에 목욕하고 무복으로 갈아입은 그녀는 버선을 벗는다. 세상 번뇌를 밟고 살았던 새하얀 발이 달빛에 부르르 떨고 있다. 날이 선 작두 위에 햇살에 올라탄 공기처럼 가벼운 몸을 싣는다. 질긴 인연을 벗어버리고 나비가 되어 날아간다.

달님도 피곤한 듯 타박타박 걸어 내려와 나무 위에 걸터앉아 졸고 있다. 아름답고 화려한 오방색 무복의 흩날림이 생을 떠나보내듯 처연하게 나부낀다. 그녀의 볼을 타고 흐르는 피보다 진한 영롱한 눈물이 달빛에 서럽다. 굿당에는 알 수 없는 고요가 목이 졸린 닭처럼 늘어져 있다.

가장 위대하고 강한 신이 등장하면 다른 잡신은 다 사라져 버린다. 큰 신을 내림 받고 그녀는 서울로 떠났다. 누가 먼저인지 알 수 없었다. 목소리도 얼굴도 잊고 살았다. 서로가 그리워하면서 그리움을 지우며 살았다. 다 같이 삶이 고통이었으므로,

인생의 긴 여정에서 길을 잃고 헤매도 보았고, 소리 없는 불행과 맞닥뜨려 치열하게 싸우기도 했다. 차갑고 습한 동굴에 거꾸로 매달려 겨울을 보내는 박쥐이기도 했다. 자식을 위하여 매달린 손을 놓아버리지 못했다. 낭떠러지에서 겨우 기어 올라왔다. 불행과 슬픔은 그림자처럼 따라다녔다.

15년 세월이 찰나처럼 흘러갔다. 지나온 삶은 여름날 잠깐 쏟아진

소나기처럼, 짧고 아쉽다. 이제는 서로가 나무 그늘에 등을 내어준 편안한 의자에 앉아 있다. 고난의 강을 건너 다시 만난 도착지는 우리의 옛길이다.

되돌아온 길은 넓은 길이기에.

2023. 6.

영혼에 옷을 입히는 밤

감당하기 벅찬 나날은 다 지나갔다.

계절에 버림받은 마음은 물끄러미 청춘을 서리에 세웠다. 살아온 날을 신기하게 세어 본다. 기말고사가 끝나고 긴 방학이다. 의지와 상관없이 몸살감기로 힘들었다. 몸뚱이를 둘둘 말아 모자와 마스크로 무장해 겨우 시험을 마무리했다. 나이가 드니 하루 한 시간이 아쉽고 소중하다. 방학 동안 해야 할 일을 노트에 적어 계획을 세워 본다. 침묵을 달아나지 못하게 잡아 두고 조용히 자작나무와 잎갈나무의 속삭임을 들어 본다.

어떤 목적과 사명이 있어서 만학도가 된 건 아니다. 기다림이란 용서와 같다. 쉽사리 키가 변하는 그림자의 마음을 알 수 없다. 맑고 가난한 여인이 묵묵히 걷던 길이 있었다. 종착역은 코스모스처럼 휘청거리며 걸어왔다. 내 손안에는 보이지 않은 단단한 공기만 쥐어졌다.

저무는 해 아래 바람은 서럽게 차가웠다. 숨을 쉴 수 없는 어둠에 체해 괴로워할 때 대학이라는 길이 보였다. 학교생활은 바람과 물과 세월이 함께 무리지어 흐른다. 밥을 벌어가며 학업을 마치려고 지치게 일했다. 순수한 눈가에 넋 잃고 헤매던 아픔이 뾰족하게 살아난다. 나이 들면 말은 아끼고 지갑을 열어야 한다는 말은 살아온 삶의 방식과 어울려 학교생활을 도왔다.

세월은 따스한 바람결을 스치며 지나간다. 쓸쓸한 육신이 늙어가고 있다. 모든 생활이 욕심 없이 하얘진다. 산이래도 옮길 마음과 정신은 사라지고 목적 또한 길을 잃었다. 눈은 퍼부었고 거리는 캄캄했다. 눌리기만 했던 낡은 의자의 속눈썹 안에는 젖은 해가 떠 있다. 콘크리트처럼 잘 참아 왔다. 가난해도 소망을 가지고 세상에 휘둘리지 않았다. 고난의 강을 건널 수 있었던 건 그분을 의지했기 때문이다. 손잡고 안아주며 업고 걸었다.

신앙생활을 하는 건지 교회의 이자 감당을 하러 다니는지 모르고 살았다. 이것 또한 그분이 내게 주신 사명이라 생각하며 감사했다. 정치하듯 부자 성도를 설득하고 영적으로 이해시키려 노력했다. 시커멓게 내동댕이쳐진 운명을 바꾸신 그분에게 매달렸다. 교회를 사랑했다. 육신과 정신, 물질을 다 바쳤다. 많은 사람의 헌신, 발버둥과 노력에도 그곳에는 하나님이 없었다. 교회는 사라졌으며 아무것도 모르는 성도는 우왕좌왕 비틀거렸다.

처음으로 가출한 난 또다시 길잃은 미아가 되었다. 그나마 다행인 건 대학에서 믿음의 사람을 많이 만난 것이다. 새로운 눈과 생각 주머니를 달아 주셨다 감사하는 마음이 사라지니 긴 세월 헌신했던 길이 부정당해 괴로웠다. 빨리 교회를 정하지 못하고 방황했다. 새로 출석한 교회에 적응이 어렵다. 긴 시간 그분과 가까이할 수 있음은 기도다. 그것도 새벽에 드리는.

암을 수술한 후에는 먼 바람이 되었다. 기도가 사라지니 감사가 사라졌다. 감정의 찌꺼기가 쌓여 불안과 미움이 가까이 둥지를 틀었다. 삶을 갉아 먹는 사마귀의 날카로운 턱뼈에 걸리기도 했다. 죽고 싶다는 생각이 나를 들쑤셨다. 그분이 내게 준 사랑을 알기에 헛된 집착으로 솟는 눈물을 다스릴 수 있다. 붉은 상처가 자리 잡은 그곳엔 추운 숨 참으며 봄을 기다리는 들녘이 있다. 나무가 있다. 생명이 있다.

혓바늘 서듯 그때 다시 살아나 얼어버린 목젖을 가다듬을 것이다. 페인트처럼 엎질러진 모든 한숨 속에 우선순위를 그분께 두지 않았음을 깨닫는다. 언제부터 사람을 의지했을까. 달콤한 세상에 기대려 하는 순간 모든 것이 부서져 버린다. 짐승처럼 울부짖는 밤샘 기도가 자정을 넘어간다. 눈가를 적시며 가슴속을 뜨겁게 누르는 큰 덩어리 너머 어디선가 들리는 소리 "그걸로 족하지 않니?"

겉옷을 벗어 달빛에 털어낸 후 영혼에 입히는 밤.

2024. 12.

별을 따온 소녀에게

멀리서 부이던 미야 작가의 『그해 덕선이』를 품으로 안아보던 날.

거의 한 달 만에 책상에 앉아 본다. 오래 묵은 문화 상품권으로 메모해둔 열다섯 권의 책을 주문했다. 무심히 쌓아놓고 외면한다. 마음이 또다시 머리를 풀어헤치고 요동치더니 집을 나가고 말았다. 평생을 들락거리며 나를 지켜주지 않았던 마음, 진흙 위에 남겨둔 깊은 발자국 냄새를 두고 갔다. 이제는 돌아오지 않을 거라는 걸. 바람이 생각을 면도질하고 지나간다.

새로운 마음이 가슴에서 삐죽이며 올라오는 건 아프다. 행동이 굼뜨고 더디어서 잠잠히 기다려야 한다. 고요할 때 물을 주고 속삭여야 한다. 가슴 한번 펼쳐보지 못한 날이 말라가는 감정을 묵묵히 접기 시작한다. 늦은 나이에 학교에 다니는 것이 문득 진부해진다. 에어컨 바람은 뼛속을 스며든다. 몸살인 듯 아팠다. 며칠을 홍역 하듯 앓고 나니 가슴의 아픔까지 대충 아물어서 말랑거린다.

복수전공으로 신학을 공부하며 젊고 어린 학우와 마음이 합해졌다. 전공인 심리에서 느낄 수 없었던 따뜻함이랄까, 1학기 때는 자주 밥 먹고 차 마시며 서로를 긍정했다. 2학기 시작 후 안부가 궁금했지만, 꽁지를 땅에 묻고 알을 까며 죽어간 풀무치처럼 조용히 있었다.

마음으로 아꼈던 몇몇 학우가 내게 보내는 안부가 총총하다. 서로의 시간이 만들어져 여러 명이 모였다. 맛있는 점심을 먹고 차를 마셨다. 각자 다르지만 모두 한 길을 가는 목마른 삶의 근황을 얘기한다. 50이 넘은 부부가 함께 신학을 공부한다. 내게 지나온 삶을 자연스레 펼쳐 보인다. 애틋하다. 학기 중 큰 교회의 전도사로 임명되어 하나님 일을 하게 되었다며 기뻐한다. 내 일처럼 감사하다.

다른 학우는 마음으로 아끼는 사람이다. 외국 선교 봉사 제의가 들어왔을 때 망설이는 그녀를 적극적으로 부추긴 건 나였다. 막상 떠날 때 용돈 한 장 이체할 기력이 없어 우울했다. 아무도 없는 사거리 같은 방에 널브러져 있었다. 미안하다. 선교 현장에서 예비하신 또 다른 인연을 만들어주시고 기적을 체험한 간증을 들었다. 앞으로 크게 쓰임 받는 하나님의 도구가 될 거라 믿는다.

점점 풍성해지는 하늘을 바라보며 이야기꽃을 피웠다. 그때였다. 오전에 나의 위치를 묻던 작가가 학과실에 있다며 어서 와서 수필집을 가지고 가라는 톡이다. 대화의 허리가 잘리는 게 싫어서 "우리 금요일에 만나기로 했잖아요." 그때 보면 되지. 주변 사람 모르게 답을 한다.

오후수업 강의실은 여러 학생의 수다에 묻혀 알 수 없는 공기가 살랑대고 있다. 미야 작가가 가슴으로 잉태해서 출산한 작품, 『그해 덕선이』를 내게 턱 안겨줬다. 아, 그래 네가 덕선이구나 생각하며 품에 안았다. 뒷자리에서 빨리 펴보라며 작가가 채근한다. 부리나케 손을 깨끗하게 씻고 돌아왔다. '글무렵 꽃님' 가을날 홀로 핀 코스모스처럼 아름답고 낭창한 글씨다.

수업이 빨리 끝나길 기다린다. 잠깐 쉬는 시간, 주변 눈치를 살피며 작가의 말과 최 교수님의 추천사를 읽었다. 씨앗이 자라서 첫 열매를 맺었다. 자신도 대견스럽지만 가르침을 주신 스승님의 기쁨도 남다를 것으로 생각한다. 스승님 사랑에 보답했구나. 조바심이 꿈틀댄다. 문학회에서 마주했던 글이지만 새 옷을 입고 세상에 작품으로 나온 글을 빨리 대면하고 싶다.

길게 늘어지고 있는 햇살을 가르며 차에 올랐다. 갑자기 차가워진 날씨 탓에 실성한 듯 찬바람이 따라 들어온다. 엉덩이와 발을 따뜻한 바람으로 데우며 『그해 덕선이』의 옷을 들치고 살피기 시작했다. 우리가 숨 쉬고 밟으며 걸어왔던 세월이다. 어느 순간 당연하듯 잃어버렸던 시간이 서서히 기지개를 켜며 깨어나는 게 보인다. 문학회에서는 느낄 수 없었던 감동이 뭉클하게 올라온다. 깊은 사색에 잠긴 영혼이 바윗돌에 걸터앉는다.

산등성이를 깎아 성냥갑처럼 세워둔 산동네, 화려한 불빛에서는 볼 수 없었던 길, 미래로 가는 골목길이 있다. 실핏줄처럼 퍼져있던 희망의 길모퉁이에 말괄량이 삐삐가 살았지. 미래의 꿈을 향해 가는 빨강머리 앤도 있었어. 매일 일기를 써 내려간 안네도 함께였지.

우주를 가슴에 안아 별을 따고 싶었던 소녀가 있었다. 그곳에.

2024. 10.

4 부

한여름 밤의 꿈

어서 빨리 여름의 끝물이 오길.

종강한 후 머리에 이고 어깨에 메고 있던 한 보따리 짐을 내려놓았다. 많은 만학도가 그러하듯 밥을 벌며 공부한다. 학업에 대한 부담감을 주렁주렁 이고 지고 다녔다. 훌쩍 여행을 떠나고 싶다. 읽고 싶은 책을 마음껏 읽다가 음악에 취해 구름 위를 날고 싶다. 어두운 영화관에서 팝콘을 먹으며 젊음을 흉내 내보면 어떨까.

자신만의 시간을 소유한 사람이 부럽다. 용담호 근처에서 10년 동안 캠핑장을 운영하는 난 휴가철인 여름이 더 바쁘고 힘들다. 수백이 넘는 방문객의 시중을 들다 보면 어느새 호박 옆구리가 굵어지고 쌍쌍이 포옹한 잠자리가 사랑을 진하게 나눈다. 여름의 끝물이 되어서야 오롯한 나만의 시간을 품는다.

3학년이 되면서 부전공으로 신학을 선택했다. 주변 사람은 욕심이 많아서라고 말한다. 한 학기 매 순간 행복했다. 일하랴, 공부하랴, 힘들었으나 영혼은 토실토실 살이 오름을 느꼈다.

허물을 벗어버린 나비처럼 하나님만 의지하며 살았다. 콩 한 쪽이 생겨도 교회로 가져가 나누어 먹으며, 물질과 육신의 에너지를 모두 바쳤다. 그분이 주신 모든 것을 그분께 드린다는 마음으로 살았다. 심장이 삶을 의욕적으로 밀어내는 신호였다. 한 가지 일에 사로잡히지 못하면 삶의 의미를 잃어버리는 영혼이기에.

행복한 세월이었다. 교회를 새로 건축하니 많은 사람이 떠나갔다. 서로가 나눠 짊어질 짐을 소수의 성도가 감당하다 보니 너무도 버거웠다. 이자 감당이 어려워 헌금만으로 교회 살림 꾸리기가 매우 힘들었다. 권사이며 여전도 총회장이었던 난 모든 걸 바쳐서 헌신했다. 떠나려는 사람을 설득하고 한 사람이래도 전도하려 발버둥쳤다. 누구를 위하고 무엇을 위해서였을까?

보잘것없던 내게 과거의 인연은 후원도 많이 해주었다. 집안 살림에 사용할 물질을 이자를 감당하려고 아낌없이 내놓았다. 내 교회이기에, 인생의 실패와 좌절을 경험한 나로서는, 부흥을 위해서 기도와 말씀이 이끄는 대로 깊게 내려가고 올라가기를 반복하며 살았다. 기대고 의지하고픈 대상과 모든 사물이 착각이었다는걸 알게 된 서러운 날이 왔다. 설움의 강물이 덧없이 흘러 멍하니, 알 수 없는 끌림으로 학교에 입학했다. 평소 성도의 고충을 들어주던 일이 떠올라 심리상담을 전공했다. 순전히 얕은 나의 생각이다.

나이 육십에 들어온 대학 생활은 감사와 행복이다. 그토록 갈망했던 꿈이 이루어졌기에. 가까이서 누구보다 응원하고 지지해 줘야 할 사람은 현실을 인정하지 않았다. 늦은 나이에 허파에 바람들어 대학에 입학했다고. 지금까지 업무적인 말 외에는 대화를 안 하고 살았다. 달라짐이 없는 현실에 가끔 온몸이 시리다. 학교에 관한 얘기, 공부에 관한 얘기를 해본 적도 물어본 적도 없다. 연필 한 자루 사준 적 또한 없다. 구석구석 헤픈 쓸쓸함이 떠나지 않고 웅크리고 있다.

숨 가쁘게 돌아가는 일터에서, 늙은 학생의 모습이 사치처럼 보이지 않게 하려고 눈치 보며 일과 학업을 병행했다. 영혼은 늘 기쁨이 충만하다. 그러나 알아차리지 못한 시련이 포복하며 다가오고 있었다. 예배를 드리려 교회에 가는 건지, 이자 감당하러 다니는 건지 알 수 없었다. 출구를 찾지 못하고 헤매는 끝이 보이지 않는 미로 속에서 고민하다 교회를 나왔다. 교만해지고 믿음이 약하다는 뒷얘기가 뼛속에 사무쳤다.

새로운 교회를 바로 정하지 못해 방황했다. 건강하던 아들이 갑자기 아파 투병하다 희소병 진단을 받았다. 엎친 데 덮치듯 병간호하던 나 또한 힘에 부쳐 검사를 받았고 암을 진단받았다. 참으로 힘들고 길었던 시간이다. 고통스럽지만 기도했다. 회개하고 복수전공으로 신학을 선택했다. 처음 걱정과 달리 수업은 다디달았다. 좋은 말씀, 문장 하나를 품고 있어도 외롭지 않았다. 같이 공부하는 학우와 대화가 통하고 스승과 마음속 거리감이 사라졌다. 알고 있는 걸 더 많이 알아가고 자세히 알아가는 기쁨이 힘든 삶을 이겨내게 했다. 교수님 말씀이 하나님이 주시는 말씀으로 가슴을 파고든다.

여름이 지나면 학생으로 돌아갈 것이다. 너덜거리는 삶의 옹이를 털어버리고 나비처럼 날아갈 날을 소망하며.

한 여름밤의 꿈을 달콤하게 꾸고 있다.

2024. 8.

알 수 없는 여자

"그녀를 조심하세요."

배움의 허기를 채워준 건 대학의 교양과목이다. 그곳에서 그녀를 만났다. 마흔은 넘어 보이는 만학도다. 한 학기가 끝났지만, 말 한마디 눈빛 한번 마주치지 않았다. 그녀는 적극적이며 수업 시간에 앞에 나와 발표하는 걸 좋아했다. 이 모습을 바라보는 나는 왠지 모를 부끄러움에 시선을 외면했다. 거기에는 패션도 한몫했다. 치장한 모습은 촌스러움을 넘어서 초라하기까지 했으므로,

어느 날 복도에서 마주친 그녀가 얼굴 가득 웃음을 보이며 내게 말을 건넸다. "○○이를 도와주신다면서요?", "그런 일 없는데요."라고 말하기 무섭게 누군가 내 옆구리를 쿡 찌르고 지나간다. 눈빛으로 보

내는 신호는 말을 그만하라는 거다. 알고 보니 이 사람 저 사람에게 돈을 빌리고 약속을 지키지 않아 원성이 자자했다. 이해할 수 없는 건 계속되는 핑계와 거짓말이다. 진실과 진심을 알 수 없는 그녀의 거짓말은 미로보다 깊고 칡넝쿨보다 질겨 다들 고개를 내젓고 있었다.

문득 묘한 호기심이 생겼다. 사회도 아니고 학교에서 이런 행동을 지속해서 행하는 그녀의 심리 상태가 궁금했다. 우리가 미처 알지 못하는 안타까운 사연이 있는 건 아닐까, 헝클어져 뭉쳐진 삶 덩어리가 있다면 조금이나마 풀어주고 싶었다.

항상 바쁜 듯 보였다. 혼자 교정을 걷는 모습을 보면, 생각은 하늘을 날고 현실은 여러 개의 가방을 주렁주렁 들고 다녔다. 가을 단풍이 조용히 자신만의 존재감을 드러냈다. 한참 유행이 지난 붉은색 바바리코트를 입은 그녀의 뒷모습이 시선을 사로잡았다. 가까이 다가가 차 창문을 내리니 달개비꽃처럼 웃었다. 우체국에 손편지 부치러 가니 태워달랬다.

그녀에 대해 알고 싶은 내 마음을 실타래처럼 풀어 보았다. 짧은 단어로 회피한다. 시골에 남편이 있으며 아이들은 대학을 다닌다 했다. 신학을 공부하니 졸업하면 하나님 일을 할 거라며 원대한 꿈을 말한다. 궁금했던 것을 물어보는 속마음은 그녀가 조금이래도 솔직하길 바랐다. 내가 알고 싶어 하는 현실과 사생활은 거짓말로 일관했다. 며칠 후 방세가 밀렸다며 핸드폰으로 돈을 요구했다. 집주인 전화번호를 보내 달라고 했더니 답이 없다. 새 학기에 그녀 모습은 보이지 않았다. 학교를 휴학했다는 말이 바람처럼 지나갔다.

어느 새벽, 돈을 계속 요구하는 카카오톡이 릴레이를 했다. 교통사고가 나서 병원이란다. 치료받고 돈이 없어 퇴원을 못 한다고. 갈등이 가슴을 눌러 댄다. 그녀의 말이 사실인데 내가 편견으로 생각하는 건 아닌지, 마음이 불편해 견디기 힘들다. 내 안의 다른 마음에 물어본다. 갈등하는 이유를 알았다. 그녀가 가여워서가 아니었다. 불쌍해서도 아니다. 돈을 보내주면 못 받을 것 같은 불안이 내면에 웅크리고 있었다. 몇 번을 생각하고 망설였다.

돈을 송금하고 문자를 보낸다. 인생을 살면서 누구나 물질 때문에 고통을 당할 수 있다. 굵기를 알 수 없는 한 가닥 줄에 매달려 있을 때, 단 한 사람이래도 자신을 이해하는 사람이 있어야 한다. 그건 거짓이 없는 진실만이 서로를 묶어주는 무언의 약속이다. 돌려줄 생각 말고 치료비로 쓰고 힘내라고 했다. 하루도 지나지 않아 내 마음을 외면한 채 돈을 더 빌려달라는 전화가 왔다. 화가 났지만, 알 수 없는 허탈감에 전화를 끊었다.

며칠 후 초여름의 맑은 공기와 햇살이 잠에서 깨어나기도 전 톡이 온다. "힘든 인생 여기서 정리하겠습니다." 알 수 없는 미묘한 감정과 생각이 요동쳤다. 강의를 듣지 못할 정도로 전화가 오고 문자가 쏟아진다. 모든 신경이 뾰족한 날을 세운다.

학과 동기들에게 사실을 말했다. 여기저기 참았던 말이 쏟아져 나와 흩어져 달아나고 있다. 나에게만 문자를 보낸 게 아니었다. 번호를 아는 모든 사람의 마음을 두드린 것이다. 누구도 관심을 두지 않고 거짓말에 귀 기울이지 않았다. 학과 대화방에서는 조심하라는 공지가 떴다. 거짓말하는 그녀가 나쁜 걸까, 믿어주지 못하는 내가 나쁜 걸까.

여자인 나도 그 여자 마음이 미로다.

2023. 10.

월천 동네 사람들

한울 빛 아래 크고 하얀 해가 조용히 내려보다 지워진다.

'시'를 사랑하는 모임이 초대 회장님댁에서 있다. 쉽게 집을 찾은 사람과 달리 헤매다 전화한다. 나무로 말하면 큰 나무의 뿌리가 되었건만 뿌리의 역할을 하지 못했다. 캠핑장 운영을 핑계로 글 한 알, 시 한 줄, 엮어보지 못했다. 문학회를 위해서 보따리를 풀어보지 못했다. 행사가 있을 때는 의리와 양심을 저버리지 않으려 두더지 얼굴 내밀 듯 참석한다.

3년의 임기를 마치고 연임했던 회장님이 있는가 하면 1년을 겨우 마치고 개인사로 회장직을 내려놓은 사람도 있다. 오늘은 문학회를 이끌어갈 회장을 선출하는 날이다. 며칠 전부터 스승님을 비롯해 여러 문우와 통화하며 차기 회장 후보에 대해 눈과 귀를 열었다. 문학회는 강산이 두 번 바뀌는 동안 큰 나무로 자랐다. 이제는 새로운 잎과 열매를 보기 힘들다.

초대 회장님은 기린봉 아래 둥지를 틀었다. 유년 시절 뛰놀던 정겨운 산동네 같은 곳. 지금은 집 앞으로 한옥마을을 가로지르는 길이 생겼다. 기린봉을 등에 업은 넓은 마당엔 사철 푸른 나무가 있다. 새벽이 오기 전 꽃잎에 별빛 내리고 계절 따라 아름다운 꽃이 핀다. 병아리가 엄마 따라 마실 나가면 샘이 잔뜩 난 오리가 덤불 속에 알을 숨기고 돌아오는 곳.

본채와 눈 맞추고 있는 사랑채는 오로지 우리를 위해서 황토로 지었다. 유리로 창을 내어 새소리 바람 소리 빗소리가 머물다 간다. 스승님이 친필로 흔적을 남긴 '월천 동네'라는 현판이 처마 아래 달렸다. 눈 내리는 밤 도끼날을 세워 조각낸 장작이 열정적으로 자신을 불사르던 곳. 긴 세월 따라 흘러갔던 별이 다시 보인다. 발걸음이 낯설다. 낭떠러지 같은 밤길을 거닐며 삶을 비워냈던 시간, 모임은 사치였다. 이방인처럼 언저리를 외롭게 얼쩡거렸다. 달빛이 전해주는 소식에 메마른 눈물 자국을 닦았다.

비 내리고 눈 오는 밤, 각자 애송 시를 낭송하고 노래를 부르며 줄행랑치는 밤 꼬리를 잡고 아쉬워한다. 정월 대 보름날, 기린봉 위로 솟아오를 달을 기다린다. 만삭인 보름달이 병아리색 옷을 입고 봉우리에 앉아 쉬어갈 때 한 해의 무탈을 소망하며 기쁜 함성이 퍼져나간다. 잊히지 않는 기억이다.

타닥타닥 신음을 내며 타고 있는 장작을 바라보다 난로에 등을 내어 주고 주위를 빙 둘러본다. 젊음은 낯선 흔적을 남기고 떠난다. 표정 없는 얼굴에 검버섯이 곰팡이처럼 피어올랐다. 주름이 토막 난 지렁이처럼 내려왔다. 내게 달려든 세월이 그분들의 청춘 또한 밀어내고 있다.

추위에 아랑곳없이 많은 사람이 모였다. 시를 사랑하는 열정은 누구도 이길 수 없으리라. 반가움에 안부를 나누다 보니 옛 추억이 떠오른다. 누가 먼저 물꼬를 텄을까? 어디선가 "네 명이여, 네 명."그랬구나. 어둡고 축축한 기억이 스멀거린다. 마주했던 눈동자에 비친 미소만 남았다. 세월 앞에서 네 명이 우리 곁을 떠났다. 추억은 사연이 된다. 처음 들었다는 듯 어디선가 수런거리는 소리가 난다.

연로하신 스승님을 보며 죄의식이 올라온다. 곁에서 지지대가 되어야 하는데, 후회할 일이 생기면 안 되는데. 나이 먹은 젊은이를 회장으로 추대한다. 고교 시절 스승님의 제자였다. 섬기고 봉사함이 탁월하며 문학회에 애정이 넘치는 사람이다. 호명하자 굳어진 표정으로 어정쩡 일어난다. 세 번째 도전하는 시의원 준비와 선거운동이 다가오니 어렵다고 거절한다. 사정을 알기에 모두 말없이 한곳에 시선을 고정한다.

순간 나도 모르게 번쩍 손이 올라갔다. 거절하면 안 되는 이유에 대해 진정성을 담아 말했다. 누에고치에서 실이 나오듯 옳은 말만 하는 내가 놀라웠다. 다시는 오지 않을 세상을 지나며 후회 없는 삶에 대해 말했다. 많은 새가 날아올랐던 기억의 가지를 생각하면서.

월천 동네의 새로운 회장이 선출되었음이 메아리로 울린다.

2024. 2.

겨울 나그네

갈대숲 사이로 해가 안길 때, 그들의 향연이 시작된다.

작가 모임이 있는 날이다. 선배이신 윤 작가님이 후배에게 도가니 오리 백숙을 사주셨다. 매주 순천에서 오시는 작가들이 오늘은 열차를 타고 왔다. 이유를 묻는 내게 작은 글 종자에 불씨를 피워보려 했다고. 오래 여문 생각이 씨앗으로 웅크리듯, 마음의 감성을 연결하려고 달리는 열차에서 두리번거렸을 거다.

합평을 마치고 먹는 오리 도가니탕은 보약처럼 진하다. 잊지 않고 해마다 후배의 안부와 거한 밥을 사주시는 선배님께 보답한 게 없어 마음이 찔린다. 작년 겨울 운암호수에 가서 매운탕을 대접했다. 코로나 끝이라 입맛이 없었다며 맛있게 드시던 모습이 생각난다. 겨울이 지나기 전 매운탕 집에 다녀와야겠다.

식사한 후 차를 마시며 한마디씩 덕담을 나눈다. 창밖은 우글거리던 햇살이 사라졌다. 돌아가는 열차표를 예매했는지 물으니 아직이라 한다. "제가 모셔다드릴게요."라고 말했다. 글의 꼬리를 잡아보려 순천에서 전주로 먼 길을 매주 오신다. 어찌 쉽기만 할까. 삶을 행동으로 보이는 그분들께 작은 도움이 되고 싶다. 뜨거운 열정과 감사함이 울림으로 다가왔기에.

어두워지기 전에 다녀와야 한다. 갈 길을 재촉해 주시는 교수님과 동료 작가에게 인사를 나누고 돌아섰다. 차 열쇠를 안 작가님께 드렸다. 문학회에 유일한 남자다. 지난번 문학기행 때 내 차를 운전하셨는데 안전하고 편안했기 때문이다.

겨울 들녘과 산은 조용히 도란거린다. 꽃이고 잎이었던 나무가 비로소 몸뚱이였다는걸 그들도 알았기에. 목사님이신 안 작가님의 목회 철학과 가치관을 엿볼 수 있는 대화를 나누었다. 먼 듯 가까운 길에서 갑자기 목적지를 순천만 습지로 바꾼다. 나를 위한 배려라 느꼈기에 침묵했다. 습지에는 물 뿌리게 같은 저녁 햇살이 번지고 있다. 전망이 좋은 찻집에서 차를 마신다. 젊은 날 순천만에 꽂힌 많은 기억의 돛대. 그 너머에 천연기념물 1호 흑두루미가 있었다.

지난번 TV에서 창공을 유영하는 모습을 보고 감탄했던 게 떠오른다. 안 작가님이 말했다. 해지기 전에 전망대에 도착해야 한다고, 우리가 알 수 없는 무언가를 보여주려 한다는 걸 그때야 알았다. 밖을 보니 차량 출입을 막아놓은 밧줄이 팽팽하다. 그 길을 뚫고 간다니. 해지기 전 아무나 볼 수 없는 흑두루미의 은밀한 사생활을 보여주고 싶었던 거다.

공무원이 퇴근하는 모습을 보며 고양이 마음으로 전망대로 달렸다. 6백만 년 전 공룡과 함께 삶을 살아냈다. 공룡은 사라졌으나 진화를 거듭하며 붙여진 이름, 살아있는 화석이다. 갯벌과 무논 사이의 둑길이 갈대와 억새의 하얀 혀를 말린다. 새와 벌레에게 수만 번 잠자리를 내어주는 순천만, 나이테의 속 울음소리가 들린다. 겨울에 찾아오는 흑두루미는 일부일처제다. 가족 단위로 무리 지어 사는 게 특징이다. 시에서 논을 사들여 전봇대를 뽑았다. 논에는 풍부한 먹이를 공급한다. 음식점을 인수해 헐어내고 그 자리에 전망대를 만들었다.

조류인플루엔자로부터 보호하려고 사방에 닭과 오리 사육을 금지했다. 겨울에는 어김없이 찾아오는 손님에 대한 배려다. 밀물 때 무논인 대대 뜰에서 저녁 만찬을 즐긴다. 그들의 향연을 담으려 사진작가들의 손놀림이 바쁘다. 주변을 달군 붉은 해그림자는 마지막 해를 품고 있다. 어둠의 절벽이 이마를 깨뜨리며 내린다. 전망대에 올라서서 큰 망원경에 눈을 들이밀었다.

모두 검정 비단으로 연미복을 차려입었다. 머리엔 하얀 털모자를 쓰고 두 눈엔 검정 선글라스로 사위는 햇빛을 막는다. 우아하게 기다란 목, 부리, 다리, 발가락까지 수만 년을 견디며 살아온 그들의 삶이 보인다. 엄청난 무리가 뭉뚱그려 동산을 만들고 만찬을 즐기고 있다.

'뚜르르 뚜르르' 합창 소리는 거대한 관악기와 같다. 가슴속 빈 뼈의 공간을 휘젓는 울음소리가 떨림을 타고 내려와 울려 퍼진다. 장엄하다. 연인과 함께 학춤을 춘다. 긴 날개를 푸드덕거려 경쟁자를 쫓아낸다. 한쪽 놀이터에는 엄마 아빠를 낯설게 하는 갈색 옷의 새끼가 총총히 뛰어다닌다. 하늘에는 하나둘 별빛이 켜지는데.

겨울 나그네의 향연은 계속되고 있다.

2024. 11.

세월의 나이테

해 질 녘, 반짝이는 잔잔한 은물결이 비늘을 세운다.

주일 예배를 마치고 김 작가를 만나러 간다. 가까이서 바라볼 때마다 가슴 한쪽이 무너지는 곳. 나의 가정생활이 끝이 나서 경매로 넘어간 아파트다. 무 김치를 한 통 담아 입구에 내려놓고 기다리고 있다. 지난번에도 김치를 선물 받았는데, 고마운 마음에 밥을 대접해야지 생각했다. 점심 먹었냐 물어보니 아직이라 대답하며 웃는다. 차에 김치를 싣고 근처 식당에서 갈비탕을 먹었다. 쌀쌀한 날씨에 잘 어울리는 따뜻한 국물이 일품이다.

식사가 끝나고 차를 마시러 들꽃카페에 들렀다. 일요일이라 평소보다 손님이 많다. 그녀와 단둘이 밥 먹고 차 마시는 건 처음이다. 나이가 동갑인 김 작가는 평소 언니 같다는 생각이 많이 든다. 그녀의 살아온 삶에 귀 기울이다 보면 나와는 또 다른 상처가 있다. 골무처럼 아팠던 세월을 느껴본다. 진정성 있는 글을 쓰는 그녀를 평소에 응원한다.

둘이서 칼국수처럼 풀어지는 속내를 드러낸다. 서로의 눈가에 스며드는 눈물을 애써 외면한다. 창밖에는 진눈깨비가 날린다. 그녀가 갑자기 "우리 군산 갈까?" 군산에서 통학하는 신학과 동생이 있다. 가슴이 따뜻한 사람이다. 방학하면 놀러 오라고 몇 번을 말했던 게 생각난다. 전화하니 갑작스러운 방문에도 흔쾌히 시간을 허락한다. 운전하는 김 작가 옆에 앉아 수다를 떨었다. 은파 호수공원에 도착했다. 기다리던 동생이 달밤에 활짝 핀 박꽃처럼 웃으며 우릴 반긴다.

하늘이 맑다. 구름 아래 호수는 지는 해를 품으려 하고 있다. 시린 철새의 발가락이 보인다. 알 수 없는 물의 눈들이 빛나며 사라진다. 멀리 보이는 억새가 하얗게 일어선다. 산도 물속에 숨어있다. 몇 번의 탄성을 질렀다. 겨울바람이 건성으로 볼을 스치고 달아난다. 나이 먹은 우리의 길 안내를 하며 사진까지 찍어주는 동생이 고맙다. 내면을 불러내는 깊은 상념들, 긴 세월 잊고 살았던 기억들, 잊힌 건 아니다.

젊은 날 대기업 군산지점에서 점장으로 일했다. 전주에서 먼 길을 출퇴근했다. 사원 교육과 관리를 맡았다. 여자 운전자가 신기하고 부럽던 시절이다. 남자도 소유하지 못한 자가용을 운전하며 멋지게 살았다. 여자 운전자가 몇 명 되지 않을 때였다. 돌이켜 생각하면 다 부질없는 것. 그 시절은 행복했다.

살아내야 할 삶은 길다. 가난과 이별이 망가진 꿈의 배경이 될 거라는 걸 그때는 몰랐다. 영업은 목표에 따른 실적이 인격이다. 매주 매월 마감에 스트레스받으며 허덕였다. 부서의 상무님은 군 장교 출신이다. 인간미 사라진 정신교육과 승부에 대한욕구가 견디기 힘들었다. 안 되면 되게 하라는 구호에 돌돌 말린 냉혈인 같았던 사람. 생각해보면 내 인생에 몇 안 되는 스승이다. 아무도 모르게 다가오는 험한 세월을 헤쳐나갈 정신력과 의지력을 배웠다. 저절로 물들었다.

신입사원 시절 앞에서 발표하는 모습을 눈여겨보고 직원 교육을 맡겼다. 얼마 후 본사에서 인정한 교육 강사가 되었다. 행복했다. 내 인생의 소중하고 화려했던 단면이다. 그때의 경험은 사라지지 않았다. 대학에 와서 발표하는 걸 젊은 학우들이 인정했다. 여러 교수님도 칭찬하며 최고의 점수를 주셨다. 인생은 헛되이 흐르지 않는 것. 큰 조직을 관리하는 건 쉬운 일이 아니다. 삶이 힘들 때면 깔깔한 고통을 안고 은파호수로 차를 몰았다. 은물결을 바라보며 나약한 정신을 담금질했다.

지난겨울 돌아가셨다고 지나가는 바람이 전해줬다. 몇 잎 남은 추억마저 천천히 힘을 잃어갈 때 많이 허망하고 슬픔이 오래갔다. 누군가 말했다. 육체를 기억하는 사람이 다 사라져 없어질 때 죽은 사람이 영원히 죽는 거라고. 호수는 말이 없고 세월은 깊어졌다. 지금껏 삶을 좌절하지 않고 굳건히 살아낼 수 있었던 건, 그분이 말과 행동으로 보여준 강한 어떤 것이다. 이런저런 생각과 동행하며 산책을 마치고 횟집으로 이동했다.

싱싱한 회를 먹으며 세 여자의 생을 퍼담았던 순간에 대해 목소리를 높인다. 식사를 마친 후 조용한 찻집에서 동생에게 고마운 마음을 전한다. 돌아오는 하늘길에 진눈깨비는 사라지고 무수한 별의 지느러미가 떨어진다. 35년의 세월이 지나간 자리.

은물결 가득한 호수의 나이가 궁금하다.

2025. 1.

가면을 벗은 바다

짙은 화장을 한 바다, 우리를 유혹한다.

하늘은 분명 벨벳을 깔아 놓았다. 듬성듬성 별들이 눈을 치뜨고 웬 소란이냐며 우릴 보고 있다. 이 밤을 위하여 몇 날을 미소 지으며 달려왔던가. 광안리 바다는 말이 없다. 이제 조용히 잠 좀 자자는 듯 번화가 깊은 곳을 어둠의 눈으로 내려다보고 있다.

달아나려는 음악 소리와 화려한 네온 속에 불나비처럼 쏟아져 나온 젊음이 있다. 빛을 밟고 듬성듬성 모래사장을 걷는 연인들, 파도가 밀려와 각자의 사연을 휘감아 먼 곳의 바다에 전해주고 있다.

여름을 이겨낸 바람이 곧게 가지 세우던 시월 어느 날. 부산에 둥지를 둔 여류 작가의 방문으로 문학회가 술렁거린다. 그녀의 지각과 탁

월한 언변은 청중에게 감동을 주는 매력이 있다. 인문학과 철학을 넘나드는 입담 사이로 '봄날은 간다'라는 유행가 가락이 구성져 사람과 사람의 마음을 좁혔다.

불멸의 딱따구리가 우리의 늑골에다 파놓은 구멍들, 순천에 있는 네 명의 작가의 마음을 파헤쳐 놓고 떠났다. 모두의 마음을 추스르려 그녀의 작업실 겸 문화공간을 여행 삼아 탐방한다고 말한다. 어색함은 사라지고 그분들의 인품을 알기에 합류했다. 추억이 깃든 바다도 그리웠다. 속마음은 유명하다는 그녀의 창작 세계와 삶의 결이 더 궁금했기에.

주일 예배를 마치고 순천으로 차를 몰았다. 그곳에서 모여 내 차로 부산에 다녀오기로 했기에. 운전은 유일한 남자인 안 작가님이 하기로 했다. 전날 간단한 검사와 엔진오일을 교체하며 차량의 장거리 여행 검사를 마쳤다. 홀로 순천 가는 길은 봄바람에 꽃잎 날리듯 온몸의 신경이 무디어진다.

커피를 마시려 휴게소에 들렸다. 옆 식당에는 젊은 부부와 아들 둘이 밥을 먹고 있다. 한 아이는 지체장애를 가진 듯, 몸이 불편해 보인다. 부부는 번갈아 아들에게 밥을 먹인다. 그리고 서로의 눈빛을 보며 연신 웃으며 대화를 한다. 애틋하다. 행복할까? 생각한 마음이 부끄럽다.

순천 호수공원에서 합류했다. 세상 속으로 가을이 뜨겁게 오고 있다. 바람의 작은 날갯짓에도 나뭇가지 비비는 소리가 서걱거린다. 부산으로 가는 길은 멀다. 고속도로는 더욱 붐빈다. 가다, 서다, 기다가,

멀미가 날 것 같아 음악을 선곡한다. 어떤 음악을 좋아할까 망설이다 나의 색깔을 살짝 내보인다. 탄성이 무색하게 합창한다. 어깨춤을 추다 웃다가를 반복했다. 다섯 시간을 꼬리에 달고 전라도 음식 '할매' 집에 도착했다. 긴 시간을 기다려준 그녀가 달맞이꽃처럼 웃으며 반긴다.

홍어 삼합과 녹두전 도토리묵이 나왔다. 잠시 후 주인장이 직접 빚었다며 내놓은 동동주는 달달 하며 영롱하게 맑았다. 순간의 행복을 잔에 담는다. 술잔 위로 말방울 소리가 들린다. 떼창과 함께 문학과 인생을 이야기한다. 밤은 깊어져 졸고 있다. 자리를 옮겨 광안리 바닷가 야경에 정신을 놓았다.

바다가 보이는 호텔에 여정을 풀고 창밖을 내려다본다. 달은 삼삼하게 떠올랐다. 죽은 듯 드러누운 검은 바다는 육지의 소란한 향연 속에서 있는 나를 보고 있다. 불 밝힌 이곳은 모래알이 주인이라는 듯 힘을 내려놓은 잔잔한 파도가 밀려온다. 그리고 바다라는 사실을 알린다. 얼마만인가, 시간이 사람을 깊게 하듯 젊고 화려했던 시절에 바라보았던 바다는 지금의 바다가 아니다. 불안한 미래를 고요 안에 멈춰 세우리.

새벽부터 모래사장을 거닐다 온 귀영 작가는 추억을 만들어온 듯 작은 몸이 통통해졌다. 내면의 여행은 은밀하게 촘촘했으며 다양하고 풍성했다. 어젯밤 헤어질 때, 이곳 여류 작가가 자신의 공간으로 우릴 초대했다. 아침 식사와 커피를 대접하고 싶다고. 들뜬 마음으로 호텔을 벗어난다. 햇살이 새소리처럼 깔려 있다. 우리도 그들처럼 조잘

댄다. 갑자기 오 작가가 창밖을 보며 말한다. “어머! 너무 행복해 보인다.” 아들딸과 아빠가 키 작은 엄마의 양손을 잡고 걷고 있다. 인도를 점령한 채. 통통하고 털털해 보이는 엄마의 얼굴이 유리알처럼 빛난다. 그들이 걷는 길에 낙엽이 태양을 등에 업고 바람에 실려 간다.

수없이 죽었다 깨어난 작은 구름 떼 사이로 그녀가 서 있다. 잎을 떨구는 감나무 아래 가늘어진 해바라기처럼 웃고 있다. 겨드랑이에 꽃잎을 물고 있는 새처럼 쓸쓸해 보인다. 생각한 것보다 아담하고 소박한 그녀의 문화공간이 몸을 드러낸다. 나는 무엇을 하며 살았을까. 자은 꿈 하나 펼치지 못하고, 살얼음의 꿈들을 성냥 불로 조마조마 태웠던 날들이 생각난다. 지금은 낡고 헤져 버림받았다 해도 치열하게 살았던 날 위로한다.

잠시 후 운동복 바지를 입고 맨발에 슬리퍼를 신은 남자가 커피를 내린다. 물들거나 깃든다는 것, 지나간 가슴속에 남은 식은 재를 퍼내고 있다. 달아날 듯 비켜 앉은, 버릴 수 없는 생의 허우대, 그 등의 절벽만 어둡게 바라보던 우리는 조용히 일어섰다.

햇살 아래 가면을 벗은 바다가 드러누워 있다.

2024. 10.

두 개의 바다를 안은 남자

"기쁨을 글로 쓰세요."

가슴에 깊은 슬픔이 없어 글쓰기가 어렵다는 어느 작가의 말에, 김 작가가 재치 있게 말을 받았다. 순간, 매번 내 글이 축축한 걸까 생각한다. 상처도 수평을 잡으면 견딜 만하다고 햇살을 끌어다 어색한 분위기를 덮는다. 내 안에는 빛보다 그늘이 많다. 나는 그늘도 사랑하고 빛도 사랑한다. 몸 안쪽으로 애상의 흔적이 많은 건, 육신의 아픔은 감각이지만 마음의 상처는 삶의 본질이며 한이기 때문이다.

곰곰이 생각해보면 기쁨이라는 형체를 정확히 느낄 수 없으며 모르고 살았다. 그것에 대한 기대치가 높아서일까. 도무지 감정의 뼈를 정리하기 힘들다. 절실한 것은 말이나 글로 표현할 수 없는 것, 삶을 마주하는 의식 자체가 다른 거니까.

매주 금요일은 문학회 모임이다. 순천에서 장거리 운전을 하고 오시는 목사님 세분과 권사님이 계신다. 봄부터 대면했으나 차가워 보이는 이미지 때문에 불편했다고 말한다. 깊어가는 가을 품에서 서로의 속내를 드러낸다. 평생 들어온 말이지만 관계에 서툰 나도 힘들다. 그들을 보면 장독대에 옹기종기 피어있는 채송화, 봉숭아, 나팔꽃, 맨드라미가 생각난다. 해맑은 향기에 취해 뭉쳐 있던 감정이 느슨해진다.

각자 써온 글을 합평하며 울고 웃는다. 나와 다른 서로를 알아가고 위로하면서. 맛있는 점심을 먹고 교수님께서 처음 가보는 커피숍으로 우리를 이끄셨다. 하얀 십자가가 서 있는 교회가 눈에 들어온다. 소리없이 종을 때리고 지나가는 꽃잎처럼 잔잔한 음악이 흐른다.

한적한 주차장과 이름 모를 들꽃이 거리를 두고 수런서린다. 눈은 시린 구름 너머에 던져 놓고 열린 문으로 들어선다. 상황을 의심했던 건, 세월의 흔적이 느껴지는 백구 두 마리가 손님 사이를 어슬렁거린다 자유롭게. 어디선가 개가 싫다는 소리가 들린다. 동물을 좋아하는 난 쓰다듬고 싶다. 순순히 등을 내어주진 않는다. 가게 안에서 자리를 휘젓고 다니는 개의 주인은 어떤 사람일까.

우리는 넓은 2층을 독차지했다. 교수님께서 이곳 주인이 하얀 십자가가 보이는 교회 목사님이라 말한다. 설마, 주차장에서 눈이 마주칠 때 강렬한 느낌을 받았던 분일까. 도시 외곽에 자리 잡은 교회의 성도 숫자는 뻔할 텐데, 목회자가 부자인가보다. 과거 내 교회를 생각한다.

창밖에는 모악산 정상이 실눈을 뜨고 우릴 내려다보고 있다. 이곳저

곳을 살피다 진열된 책 한 권을 들춰본다. 그분은 수필가이며 시인이고 목사님이다. 직접 쟁반에 커피를 들고 우리 자리에 오셨다. 교수님 소개로 인사를 나눴다. 이것저것 궁금해하는 질문에 소탈하고 웃음을 자아내게 대답해 준다. 교회를 인수하게 된 배경, 은행에서 돈을 빌려 땅을 사고, 성도와 미래를 위해 커피숍을 운영하는 과정 등.

목회 철학이나 성도와 함께하는 삶의 방향을 간단하게 말했으나 인상 깊게 들렸다. 모든 말을 머리로는 이해하였으나, 가슴으로 쉽게 젖지 않았다. 지금까지 신앙생활 하면서 내가 섬기고 만났던 목사님 모습이 아니었기에. 깊은 궁금증이 갈증처럼 더했다. 로비에서 그분의 시집과 수필집을 구매했다.

성전을 들러 보기 원하는 우리의 호기심을 거부감 없이 개방해 준다. 이리저리 살펴보며 던지는 궁금한 질문을 풀어서 설명해 준다. 순간, 소망하고 열망하던 상황을 대리 만족하는 건 아닌가 스치듯 무언가가 마음을 흔든다. 요즈음 이단도 많다는데. 집에 돌아와 그분의 시집 『아버지의 창』과 수필집 『두 개의 바다』 속으로 엉거주춤 발을 담근다. 서울에서 신학과 철학을 공부했다. 부자보다 가난한 자에게 관심이 많았다. 판자촌에 모여 살며 하루 밥을 벌어 하루를 사는 가슴 아픈 삶을 많이 보았다. 서울 생활을 접고 목포로 내려와 자신만의 목회를 시작한다.

아버지는 목수였으나 형편은 넉넉하지 않았다. 자유로운 영혼으로 성장한 꿈많은 소년이었다. 기타연주를 하며 노래 부르길 좋아했던 음악을 사랑하는 사람이다. 독재 정권 때는 정의감에 불탄 대한민국의 학생이었다. 현재는 자상한 남편이자 아버지이며 목사님이다. 새내기 농부인 그는 생명을 존중하며 동물을 사랑하는 사람이다. 이 시대의 한 인간이자 멋진 목사님이 있었다. 단편적인 사고에서 벗어난 그 날.

두 개의 바다를 가슴에 안은 남자가 있다. 그곳에.

2024. 9.

파랑새는 있을까

거울아! 묻는 말에 대답해줘.

한 달 정도 문학회에 불참했다. 캠핑장 일이 바빠서다. 참석하는 사람이 부럽다. 화요일 열 시에 모임이라는 공지가 떴다. 일기예보에 비가 올 것으로 예상하여 일터의 예약이 주춤한다. 무조건 참석한다는 이름을 올린다.

일요일 오후 손님이 각자 삶의 현장으로 돌아가면 팽팽했던 모든 신경이 풀어진다. 온몸이 쑤시고 힘들어 월요일까지 꼬박 누워 보낸다. 수술한 후 일하기 힘들다. 직원이 하는 일과 나의 일이 따로 있어 다른 이에게 맡길 수 없는 실정이다. 휴가철에 밀려올 인파를 생각하니 두려운 마음 하늘만 하다.

한 가지 일과 한가지 생각 외에 저장되지 않는 생각 주머니의 변화를 느끼며 서글프다. 비어있던 사고할 공간이 쉼을 갖다 보면 어느 순간 어설프다. 작가라는 이름표를 달고 앞에 서 있음을 인지한다. 힘들어도 버릴 수 없는 소박한 소망이 있어 늦은 밤 마음을 풀어낸다.

내일은 문학동아리에 합류하러 멀리서 오시는 분이 있다. 뒤로 밀려있던 글 빛이 독촉한다. 피곤과 졸림을 몰아낸 작은 열정은 새벽까지 이어진다. 초안을 마치고 낼 일찍 일어나 퇴고해야지, 수런대는 마음을 다스리며 잠자리에 든다.

일찍 눈을 떠서 컴퓨터 앞에 앉는다. 어제 써놓은 글을 수정하다 보니 약속된 시간이 촉박하다. 급하게 화장대에 앉는다. 오랜만에 볼 문우를 생각하니, 마음이 일렁인다. 내가 가장 행복한 순간은 언제일까? 거울 속 눈을 보며 솔직하게 대답하라 채근한다. 길었넌 삶의 여정에서 아들을 낳았을 때 행복했다. 어찌 내겐 그렇게 인색했을까? 행복은.

거울 속 내가 말한다. "글 쓸 때와 하나님 만날 때야." 맞다. 글 쓸 때와 하나님 만날 때 내 영혼은 평화롭고 고요하다. 소용돌이치는 마음의 어지러움이 구토가 달아난다. 외로움이 자취를 감춘다. 생각과 달리 많은 문우가 일이 있어 참석하지 못했다. 오랜만에 만나는 기쁨과 반가움에 안부를 묻고 각자의 글을 합평한다. 점심으로 갈치 정식을 맛있게 먹고 분위기 좋은 곳에서 담소하며 차를 마신다. 대화의 내용이 방울 소리처럼 오종종하다. 편안하고 잔잔하다. 뿌듯하다. 질경이처럼 밟혀서 억눌린 존재감이 부스스 살아난다.

글쓰기 여름방학 특강 첫날이다. 시간 조절과 컨디션 조절하시는 교수님의 진심이 느껴져 뭉클하다. 겨울 방학 때는 한주도 빠지지 않고 참여했다. 첫날이나마 참석하려 했는데, 찻집에서부터 식은땀이 삐질삐질 흐르고 몸이 바람 빠진 풍선처럼 흐물거린다. 수술한 후 등장한 증상 가운데 하나가 과도한 땀 분비와 기운 없음이다.

살려면 글을 써야 한다. 죽고 싶지 않다. 잘살아야 좋은 글을 쓸 수 있다 하셨다. 인간관계도 없이 혼자만의 세계에서 불편함 모르고 사는 난 어떻게 좋은 글을 쓸 수 있을까. 처절하게 고독과 함께 뒹군다. 사랑받고 사랑하고 싶다. 삶의 모든 걸.

저녁에 신학과 후배가 전화했다. 글쓰기 특강 첫날인데 생각 외로 많은 사람이 참석했다고. 교수님 열정과 어두 문학회에 호기심이 생긴 듯 궁금함을 얘기한다. 후배는 익산에서 부부가 함께 떡볶이 가맹점을 운영한다. 저녁 장사만 하면서 신학과에 입학했다. 믿음의 깊이도 서로 비슷해 아름다운 부부상을 보여준다. 기특하고 예쁘다.

몇 번 식사하며 우리가 쓴 책도 전달했다. 글쓰기에 호기심을 드러내 특강에 참석했다. 주옥같은 글을 토해낼 것이라 예감한다. 글이란 대상에 대해 의미를 부여하는 거다. 산다는 건 존재 가치를 부여하는 것, 작가와 독자의 관계 맺기라 교수님은 말씀하신다.

소망의 사닥다리 같은 것, 빛없는 곳에서 언덕을 올라오는 힘이라 한다. 서로의 삶을 공유하고 공감하는 것. 평생 풀지 못하고 동여낸 아픔의 보따리를 글을 쓰며 풀어 까발렸다. 사람의 입술과 혀로 뱉어내는 알 수 없는 말이 나를 찌를까 두려웠다. 왜곡된 나의 편견이다. 파랑새는 있었으니까.

삶이, 인생이, 상처가, 내 잘못만이 아니라고 공감해줬다. 눈빛으로.

2024. 7.

마음의 둥지

한 달 전쯤 마음이 집을 나갔다.

그동안 수시로 요동치고 갈팡질팡하며 홀로 괴로워하는 걸 멍하니 보고 있다. 그리고 침묵한다. 마음의 본성은 누구나 가지고 있어 그것은 인상, 관상이 없으니 더럽혀질 까닭이 없다. 이런 마음이 집을 나가 버린 이유는 무엇일까?

홀로 술잔을 기울이며 몇 날을 생각해 본다. 오죽하면 집을 나갔을까. 가여운 생각에 눈물이 빈자리를 채운다. 주변 사람, 심지어 의사까지 내게 예민하다고 말한다. 예민함의 정체를 알 수 있을까. 무의식 속 불안이 예민함으로 표출되는 걸 모르고 살았다. 시한폭탄 같은 두려움을 안고 남모르게 떨며 살았다.

책임감과 의무감으로 마음을 꽁꽁 동여매 더 잘하라고 윽박질렀다.

평범한 인생을 살지 못한 걸 자책한다. 원통하고 서러워서 송아지처럼 엄마를 부르며 울었다. 안정을 찾지 못해 방황하는 모습을 미워한다. 누군가 가까이 다가오려 하면 굳게 문을 닫는다. 아무도 볼 수 없는 곳으로 꼭꼭 숨는다.

마음이라는 것은 오염과 관계없는 청정한 하늘이다. 물속에 드리워진 달과 같다. 이것이 마음의 본성이다. 이러한 마음이 더럽혀진 이유가 있다. 마음이 사기를 당했을 때다. 돈으로 사기를 당하고 배신을 당해보았다. 수습할 수 없는 깊은 상처는 없었다. 돈은 건넬 때 받지 못할 수도 있다는걸, 다소 염두에 두기 때문이다. 마음이 사기당했음을 깨닫는 순간, 사막에 서서 우는 눈먼 사람처럼 막막했다.

세월이 흘러 어른이 되면 마음도 어른이 되는 거로 생각했다. 때로는 너무 냉철하게 세상에 적응하는가 싶다. 모래성이 무너지듯 자신을 흩트려 버리고 존재 자체를 잊는다. 삶에 내동댕이쳐지고 험한 말과 행동에 상처가 깊다. 마음의 경계를 깨뜨리고 허무하게 동요된다. 마치 잔잔한 물이 바람이 불어 출렁이는 것과 같다.

그때의 마음은 지난 시절 외로움에서 벗어나지 못한 어린아이다. 성숙하지 못하고 성장이 멈추었다. 세상에서는 강한 존재로 인식된다. 혼자 있는 시간에는 어린아이로 돌아가 있다. 마음이 여리고 정이 많은 건 단점이다. 삶이 깊어질수록 기쁨보다 슬픔을 먼저 알아버린 마음을 이해하기 버겁다. 구질구질한 상처의 가닥을 움켜쥐고 있다. 내면은 우물처럼 깊고 어둡다.

마음은 내게 바라는 게 아무것도 없다. 그저 따뜻한 영혼으로 바라

봐 주는 것, 언제나 곁에서 자신의 편이 되어주기만을. 처음 순수했던 순간을 잃어버린 거다. 자기 연민에 수시로 빠져 허우적대는 게 밉다. 마음의 소망은 늘 소박함을 꿈꾼다. 삶에 집착하는 나와는 생각이 달라 갈등이다. 영혼이 우울증으로 헤맬 때 곁에서 숨죽이며 물에 잠긴 산처럼 홀로 울고 있다. 독수리 발톱으로 헤집어대는 아픔 속에 견디지 못하고 집을 나갔다. 허무만 남긴 채.

새로운 마음이 탄생할 때는 모든 게 비어있는 상태다. 슬픔과 고통 속에서 움직이고 살아온 파도처럼. 잠잠해지면 싸맨 상처를 안고 내 곁으로 다시 돌아올 것이다. 내게 자신을 통제하는 법, 참과 그릇됨을 가르쳐 줬다. 문학을 알게 했으며 사랑하는 법을 알게 했다. 글은 규범이 아니라 타고난 진실을 마음에 담아 쓰는 거라는걸. 인생길은 짧으면서 또한 길다는 것을.

행복은 안정된 마음에서 오는 것, 세상에 행복이 없는 곳은 없다. 삶을 단순하게 생각하기로 한다. 힘든 시간이 다 지나갔다는 긴 환상이다. 부족함을 받아드리고 모든 것을 다시 시작해야지. 하늘과 태양이 반겨줄 것이다. 꽃이 별이 용기를 줄 것이다. 달빛이 차다 불을 지펴야지, 울음에 젖은 얼굴을 온전히 어둠 속에 감추고 속히 돌아오렴, 마음아!

너의 자리로.

2024. 5.

까치가 전해준 말

매주 만나야 행복한 사람들, 새해 둘째 날 '절' 커피숍에서 문학동아리 모임이 있다.

각자 신경의 끈을 팽팽히 엮어 글을 써와 돌아가면서 읽고 작품을 피드백한다. 처음 문학회 들어와서 이런 모습이 어색했다. 스승도 아니고 누가 누구 작품을 대놓고 평을 한다는 것이 내키지 않았으며 조심스러웠다. 익숙해지니 다른 시선과 느낌으로 보고 듣고 이해하는 작가들 평이 나쁘지 않다. 자신도 객관화해서 써놓은 글을 다시 볼 수 있어 도움이 된다. 우리가 작가이기 이전에 한 스승 아래 제자이기에 인정하고 공감할 수 있는 일이다.

무주에서 목회하시는 목사님도 처음으로 합석했다. 사슴처럼 선한 눈과 욕심을 비워버린 자유로운 미소가 퍽 인상적이다. 우리는 돌아가며 작품을 피드백한다. 교수님께서 듣고 계신 목사님께 다른 작가의 글에 대해 느낌이나 생각을 물어본다. 의외의 답을 말했다. 우리 글이 익숙지 않고 어색하다고. 목사님이시니 생각과 삶을 이해했다. 자칫 글만 보고 세상에 젖어 사는 사람으로 비추어질까 잠자던 신경이 살아난다.

목사님 작품을 본인이 낭독했다. 정성을 다해 쓰고 고쳐 썼을 것이다. 생각은 빗나가지 않는다. 일과를 기록으로 적어 낭독한다. 다른 작가들은 위로와 공감하는 말을 한다. 사실은 그래야 한다. 항상 성도나 세상 사람에게 좋은 말을 듣고 존경받는 직업이 목사님이니까 당연히 그래야 했다. 독자로서 내가 알고 느끼는 감정과 생각을 솔직히 말했다. 많이 무안하고 기분도 언짢으셨으리라.

우리는 작가와 작가로서 모임을 한다. 서로 귀한 시간과 물질을 투자한다. 수필가로 등단하려고 무주에서 1시간 30분을 오신나. 조금이나마 배우고 깨달아 글을 쓰는 데 도움이 되길 바라는 마음이다. 주변머리 없는 소리를 많이 했나? 뱉어낸 말이 잠자리에 들 때까지 싸돌아다닌다.

등단이 능사가 아니라 생각한다. 작가는 작품으로 말한다는 말이 있다. 맞는 말이다. 시인으로 먼저 등단해서 안다. 부끄러운 글을 쓸 수 없었다. 자신과 싸워야 한다. 글이 내 삶이고 얼굴이기 때문이다. 나 또한 매일 한 줄이래도 써보려 노력한다. 읽어보려 갈망하고 생각에 생각을 덧입히려 발버둥친다. 언젠가는 얕은 지식으로나마 지적한 내

진심을 알아주실 거라 자신을 위로한다.

많은 사람이 등단한다. 자신의 글에 의미를 실어 톡 모임이나 밴드 모임에 매일 빨래 널 듯 널어놓는다. 아주 심한 공해라고 생각한다. 자신의 글에 대해 애착에 빠져 있다. 타인이 읽어주고 마음을 열어주길 바란다. 대단한 오해다. 너무 뻔한 글, 누구든지 알고 있는 생각과 사상을 매일 읽어야 하는 우리는 무슨 죄인가. 한두 번도 아니고 매우 권태롭고 민망하다.

마음에 떨림을 주는 글, 무디어진 뇌에 자극을 주는 글, 가슴에 감동을 주는 글에는 꼭 댓글을 달고 싶다. 흡수되었으니까, 공감 당했으니까, 글에 깊은 울림과 맛이 있어 타인의 감정을 우려내는 자신만의 연장이 필요하다.

점심을 먹은 뒤 방학 동안 열리는 글쓰기 특강 8주에 도전했다. 작가라고 말하기 부족하고 부끄러운 나를 붙들어 매서라도 가랑비에 속옷이 젖어보고 싶어서다. 많은 이들이 참석했다. 군산과 남원 여수에서 강의를 듣고자 오신 분은 경이롭기까지 하다.

교수님은 항상 말씀하신다. 대상이나 사물에 대해 의미를 부여해라. 삶에 존재 가치를 두어라, 말은 흉이 되지만 문학은 예술이 된다. 어떤 생각을 하고 하루를 살아가는가, 말은 씨가 되고 글은 종자가 된다. 부정적인 생각은 자신과의 관계가 울퉁불퉁해진다. 매일 한 줄이래도 써라 읽어라. 생각하라 하신다.

긴 특강 시간 동안 청년처럼 강의하시는 교수님 목젖이 울컥울컥 젖어진다. 선한 눈가에 눈물이 올라오다가 잠시 쉬는 모습이 자꾸만 내 마음에 들키고 만다.

창가에 비친 겨울 산자락, 나뭇가지에 앉아있던 까치가 수런거림이 궁금한 듯 고개를 갸우뚱.

2024. 1.

시가 있는 풍경

으슬으슬 입술을 깨물고 서 있는 가로등 위로 겨울비가 내린다.

벨이 울린다. 내게 시를 가르쳐 주신 스승님이다. 무슨 일일까? 목소리를 가다듬어 전화 받았다. 전해 줄 게 있어 지금 당장 내가 있는 곳으로 오신다는 거다. 처음 있는 일이라 당황해 이 핑계 저 핑계로 둘러댔으나 허사였다. 내가 댁으로 찾아뵙겠다고 영혼 없이 약속했다. 일이 있어 늦어지자 또 전화하고 문자 하신다. 연로하셔서일까, 생각도 잠시 급하게 출발했다. 가장 힘들고 가진 게 없을 때, 사람이 사람의 마음으로 사는 방법을 알게 해준 분이다.

가정이 해체된 후 마음은 누더기로 돌돌 말려 버려진 아픔이었다. 빚을 얻어 여성 옷가게를 차렸다. 소박하지만 신앙생활도 마음대로 할 수 있고 매주 수요일엔 예수병원 말기 암 환자 봉사도 했다. 빚을 갚아가며 자식도 잘 키울 거라고, 내 인생에 더는 고통과 슬픔이 없으리라 착각했던 어린애 같은 나였다.

지인의 소개로 전북대 평생교육원 '시' 창작반에 발을 들였다. 학창 시절을 지나 '시'를 만난 게 언제였던가. 무식해서 순수했고 젊어서 용감했다. '시'를 쓰기 위하여 많은 사람이 열정을 불태우는 걸 보고 놀랐다. '시'를 배운다는 것. 그런 길이 있다는 걸 알지도 못했으며 믿기지 않았다.

자기소개 시간에 모두 대단한 약력을 들춰내는 걸 보며 기죽었다. 글을 쓸 수 있다면 수필을 쓰고 싶었다. 기구한 삶을 풀어보려고. 수필 또한 어디서 어떻게 배우는지 알지 못했다. 아니 지인의 체면 때문에 앉아있어야 했다. 시계 초처럼 떨리는 외로움을 표현하는 것, 철 지난 낙엽처럼 거리를 떠돌아다니는 영혼, 슬프지 않은 것까지 슬픔으로 껴안을 수 있는 감성, 내 것이 아닌 것처럼 멀리 보이는 열망을 품에 안았다. 바람 빠진 공처럼 쭈그려 드는 마음은 펴지질 않았다, '시'는 어려웠으므로.

그 시절 난 무지했다. 스승님이 얼마나 '시'를 사랑하고, 문학을 사랑하는지, 안개 속 꿈결처럼 느낄 수 있었다. 각혈처럼 처연히 토해내는 그분의 깊고 넓은 지식의 세계에 매료되었다. 마냥 멋있고 문학회가 좋았다. 이 일원으로 흡수된다는 것이 즐겁고 행복했다. 어쩌면 불행했던 내 인생의 생채기를 문학이라는 멋진 옷으로 덧입히고 싶었는지 모른다. 위로받는다는 게 사람이 아니라는 걸 처음 알았다.

문학회 총무를 맡아 하나로 뭉칠 수 있도록 내 작은 힘을 부렸다. 쓰러지는 것도 일어서는 것처럼 인생도 중심이 있다는 걸 알았다. 우리는 힘을 모아 첫 문학회 동인지를 출간했다. 새끼 새가 어미의 날갯짓을 따르다 어느덧 날아오르듯 내게도 조금씩 글 문이 열리기 시작했다.

가슴속 아픔을 스스로 위로하는 자존감으로 살았다. 많은 사람이 등단하여 시집을 발표했다. 나는 아무것도 할 수 없었다. 문학회 뿌리로 함께하고픈 건 욕심이었다. 삶은 울퉁불퉁 비탈길이었으며 낭떠러지였다. 자식을 가르치고 빚을 갚아야 했으며 먹고 살아야 했다. 울타리 밖에서 쓸쓸하게 서 있는 초라한 나를 바라보는 건 괴로웠다. 삶이 나를 조금만 배려했다면.

자본금 없이 시작한 가게를 접었다. 빚은 더 늘어났고 밤낮으로 두세 가지 막일을 해야 했다. 깊은 고통의 시작이었다. 문학회도 나갈 수 없어 감정은 생선 썩는 냄새가 났다. 이럴수록 영혼만은 맑고 또렷해져 문학회 언저리를 얼쩡거렸다. 인생이 완전히 나락으로 떨어져 흩어질 때 비로소 '시'가 나오기 시작했다.

소나무 껍질처럼 벗겨지지 않는 삶의 누더기 속에서 발버둥쳤다. 스승님 메일에 습작한 시를 보내고 피드백을 받았다. 나를 수렁에서 빠져나오게 하는 큰 나무뿌리를 비로소 붙잡은 것이다. 고단한 삶이 작품 되어 등단했다. 이제는 문학회도 장성한 나무로 자랐다. 얼마 전 모임에서 『이번 역은 문학녘』을 전달했다. 스승님은 내가 글줄을 놓아버린 줄 알았는데 계속 쓰고 있냐고 진심으로 기뻐하셨다. 열심히 쓰라고 당부까지 하시며.

아파트 앞에 도착했다고 전화했다. 20분이 지나도록 나오지 않으신다. 다시 전화하니 받지 않는다. 이상한 예감에 급히 차에서 내려 경비실에 물었다. 출입구가 두 곳이라니. 뜨거워진 정수리를 겨울비가 적신다. 정신없이 차를 몰았다. 저 멀리 가로등 불 아래 비를 맞고 누군가 서 있다. 도착했다는 내 말을 듣고 급하게 외투도 우산도 없이 나오신 거다. 한 손에는 비에 젖어 늘어진 종이봉투를 들고 계셨다. 처음부터 출입구가 두 개인 걸 확인하지 못한 나는 주먹으로 뒤통수를 내려치고 싶었다. 기다리다 오지 않으면 들어가셔야 했다. 계속 비를 맞고 계신 모습에 탄식하듯 눈물이 나왔다.

"아니, 교수님 이렇게 비 맞고 계시면 어떡해요." 덥석 손을 잡으니 고드름처럼 차갑고 딱딱하다. "건강 잘 챙기고 아프지 마, 아프지 마." 하시며 젖은 종이가방을 손에 쥐여준다. 눈썹 끝에 매달린 빗물이 은방울처럼 반짝인다. 속없는 윈노 부러 쉬는 어깨춤을 추고 있다. 황토물이 뚝뚝 떨어지는 옆자리에 종이 옷이 벗겨져 알몸이 된 수삼 수십 쌍이 개운하다는 듯 비에 젖어 웃고 있다.

「나와 나타샤와 흰 당나귀」, 「귀촉도」, 「사평역에서」를 토씨 하나 틀리지 않고 낭송하시던 젊은 시인이 빗속에서 시집처럼 서 계신다.

2024. 2.

유년의 잔상

그녀는 가만히 있어도 품격이 다른 아름다움이 몸에 배어 있었다. 곱게 물든 어디에도 상처의 흔적은 찾을 수 없었다. 찾을 필요가 없을 만큼 그녀를 빛나게 하는 완벽함이 있었다. (김필로의 「시인」)

『이번 역은 문학녘』 내 글을 읽고 모 시인이 홈페이지에 올린 글이다. 이유가 있다면 삶이 온전히 혼자여서 생각하는 시간이 많았다. 세월과 책을 짝사랑하다 보니 물들여진 모습이 아닐까. 초등학교 4학년 「홍당무」라는 동시가 학교 신문에 실리면서 글쓰기를 좋아하게 되었다. 어버이날, 현충일 등 백일장대회에서 상을 타곤 했다.

햇살 내리쬐는 운동장에 전교생이 모여 국민체조로 몸을 푼다. 국기에 대해 맹세를 한 후 교장 선생님 긴 잔소리를 시작하기 전이다. 단상

위 세 계단을 올라 상장과 상패를 받아들고 내려온다. 박수갈채가 우레와 같다. 빛이 반사되어 상패가 더욱 빛났다. 인생이 울퉁불퉁 구불구불할 거라는 걸 어찌 알 수 있었을까.

책을 읽고 싶었으나 책이 없었다. 나이 들고 글을 모르는 엄마는 교과서 외에는 책을 몰랐을 거다. 심심함을 달래려 시장을 돌아다니던 나는 음악 소리에 이끌렸다. 가까이 가니 사람들이 빽빽하게 둘러서서 헤벌쭉 넋을 잃고 웃고 있는 것이 보인다. 키가 작은 나는 다리 사이로 머리를 껴 넣었다.

등에 큰북을 짊어진 남자가 몸통 어딘가에 심벌즈를 묶어 한발을 들 때마다 둘이 동시에 울었다. 가슴에는 아코디언을 안고 입으로는 하모니카를 불어 댄다. 한쪽에서는 이름 모를 약을 팔고 있다. 쇠사슬에 목이 멘 새끼원숭이는 털에서 골라낸 무언가를 입에 넣고 쩝쩝거리며 무료함을 달래고 있다.

수북하게 쌓아놓은 약병 옆에는 빛바랜 책 몇 권이 널브러져 있다. 박카스 상자를 찢어 빨간 색연필로 삐뚤어지게 써놓은 권당 3백 원이라는 글씨가 보인다. 『미운 오리 새끼』, 『소공자』, 『소공녀』, 『빨강 머리 앤』, 『톰 소요여의 모험』 등, 처음 본 책이다. 용돈을 털어 후줄근한 책을 가슴에 소중히 품고 다리 사이를 빠져나왔다.

이런 날엔 동화 속 주인공이 되어 울고 웃으며 읽다가 잠이 들곤 했다. 텅 빈 영혼 한편에 상상이라는 친구가 보따리를 풀어 터전을 만들었다. 보이지 않은 외로움을 끌고 다니던 내게도 나만의 왕국이 생긴 것이다.

내 짝꿍이자 단짝은 엄마 아빠가 선생님이다. 그녀와 나는 전체 1.2등을 겨루었다. 학교가 끝나면 항상 그녀 집에서 놀았다. 학교에서 나누어주던 급식 빵이 존재감을 잃고 수북이 널브러져 있는 게 신기했다. 잘 정돈한 정원이 있다. 잔디에 누워 하늘을 보면 구름 위로 동화 속 주인공이 나타났다 사라지곤 했다. 부모님은 바라보기 민망하게 젊었고 무지개처럼 빛났다. 공부 잘한다는 이유로 가정 형편을 편견 없이 바라보고 대해 줬다.

그녀의 넓은 방에는 광채 나는 갈색 피아노와 생전 처음 본 침대가 귀족인 양 기품 있었다. 내 눈길을 홀려버린 것은 따로 있다. 책장과 책꽂이 안에 눈길 주는 이 없는 이름 모를 동화책과 위인전집이다. 침을 꿀꺽 삼킴과 동시 입이 저절로 벙글어진다. 이책 저책 정신없이 뒤적이는 내게 "집에 가지고 가서 읽고 가져와." 의미 없이 말하는 그녀가 꽃보다 예뻐 보인다. 두세 권씩 빌려다 읽고 다시 되돌려주는 시간이 꿀벌이 꿀을 모으듯 오지고 달콤했다. 빌린 책을 가슴에 품고 당나귀처럼 집을 향해 달려가곤 했다.

학교 졸업식 때 그녀는 대표로 '엘리제를 위하여'를 연주했다. 넋이 나가 침이 흐르는 것도 잊었다. 범접할 수 없는 경이로움, 부러움이다. 엄마에게 나도 피아노를 배우게 해달라 마구마구 울며 떼를 쓰곤 했다. 엄마는 듣지 못한 듯 표정이 없었다. 피아노 선생님께 엄마가 피아노를 배우라 했다고 거짓말했다. 매일 열심히 연습했다. 그때 한 달 배웠던 '바이엘'이 내 인생 음악 공부의 전부다. 살아가면서 독학으로 기타도 치고 우쿨렐레도 연주한다. 성가대에도 별 탈 없이 봉사하니 신기할 일이다.

"귀자는 소질 있어요." 선생님이 퇴근한 남편에게 지나가듯 했던 말이 오래된 귀걸이처럼 귓불에 매달려 있다. 한 달 후 엄마에게 거짓말을 털어놓아 8천 원을 갖다 드리고 바이엘과 이별했다.

2023. 12.

물든다는 것

그녀의 눈망울은 샛별처럼 영롱하다.

나팔꽃 모양 하얀 백발이 투명하고 맑은 음성 위에서 빛난다. 무뎌지고 게으른 나의 모든 감각을 자극하기에 충분하다. 유명한 허영자 시인은 여러 문인에게 격려사를 하고 있다.

신인 작가상을 받으러 경주에 있는 호텔에 도착했다. 우리를 반기는 건 일사불란하게 움직이는 작가들, 에세이 문예 기둥들이다. 이름 모를 산이나 들에 듬성듬성 살고 있던 나무들이다. 권대근 교수가 매의 눈으로 뿌리를 살펴본 뒤 자신의 정원에 옮겨심고 가꾸었으리라.

가지치기하며 지지대를 만들어 해충과 비바람에 쓰러지지 않도록 노심초사했을 거다. 서로 가지가 엉겨 붙어 다른 나무의 성장을 막지 않을까 살폈다. 각자 향기와 역할과 존재감을 격려해주었다. 공감하고 공존하는 역량 있는 나무로 자라게 했다.

세월이 흘러 자신의 왕국을 만들어 서로에게 힘이 되어주는 그늘을 이루었다. 많은 사람을 초대해 잔치를 베푸는 마당을 만들었다. 공부하지만 생각하지 않으면 길을 잃은 사람이고 생각하지만 공부하지 않으면 위험한 사람이라는 글귀가 떠오른다.

내가 속해있는 문학회를 그려 본다. 먼저 거름이 되고 몸통이 되고 그늘이 되어야겠다. 많은 사람이 쉼을 얻을 수 있는 튼실한 나무숲을 만들어 가야지. 문학을 사랑하고 사람을 사랑하며 스승을 사랑할 수 있도록 서서히 물들어가야지 다짐한다.

꽃다발을 안고 등단인증서를 받았다. 수상소감을 말한다. 스승이신 교수님께 감사하는 대목에서 목이 메어 목소리가 떨며 운다. 행복이란 무엇일까, 욕망을 충족시키는 상태일까, 여러 가지 감정들, 아늑함 쾌감 만족감 즐거움이 합쳐진 복합적인 감성이다. 살면서 이런 감정이 몇 번이었던가, 목이 멘 이유다.

나이 들면 젊을 때의 초조 번뇌를 벗어버리고 마음이 가라앉는다. 마음의 안정이라는 것은 세월이 지나가는 길에서 자연스레 마주한다. 모든 사물에 대한 적당한 무관심이다. 무디어진 지성과 둔해진 감수성에 대한 슬픈 위안의 말이 있다. 원숙하다 곱게 늙어간다는 말은 안타까운 체념이다. 슬픈 억지다.

격려사를 하는 원로 여류시인을 바라보는 내내 그림자로나마 닮아가고 싶다는 욕구가 간절하다. 인생 모든 사슬을 끊고 내가 나를 해방

할 수 있도록 가르침을 주신 교수님에 대한 감사가 투영되는 찰나다. 울퉁불퉁한 삶을 살아내며 느꼈던 파괴적인 질투를 불사르는 시간이다. 스스로 나를 내보이며 우뚝 설 수 있는 용기, 무언가를 간절히 바라고 기다렸던 나는 지금의 내 모습을 기다린 게 아닐까. 사랑도 하는 게 아니라 물드는 거라는데 마음의 기어가 있다면 속도를 바꾸어 삶을 더욱 깊게 사랑할 것을 다짐한다.

사람은 물리적 조건이 충족되면 행복하다. 작가는 생각의 문을 열어 새로운 세계를 맞이할 때 더 행복하다. 후회의 어제가 아닌 빛나는 내일을 살아가야지. 많이 읽고 생각하고 한 줄이래도 매일 열심히 성실하게 쓸 것이다. 삶이 글이다. 잘 살아야 좋은 글을 쓴다. 스승의 말을 되새김질하다 보니 어느덧.

내 안의 아픈 상처가 누에 실타래처럼 한 가닥 한 가닥 빠져나가고 있다.

2024.

눈물 모양의 당신 무덤

해와 하늘빛이, 문둥이는 서러워, 보리밭에 달뜨면. 아기 하나 먹고, 꽃처럼 붉은 울음을 밤새 울었다. (서정주 「 문둥이」)

이른 아침 열차에 몸을 실어, 가벼운 마음으로 출발했다. 문학회에서 음악과 '시' 낭송 봉사를 하기 위해서다. 순천역에 내렸다. 행사의 연출 감독하시는 목사님과 일행이 동백꽃처럼 환하게 반긴다. 대기한 차에 탑승한 후 여수 애양원으로 향했다.

비행장 주변을 콘크리트 담장이 철사를 머리에 동여맨 체 보초를 서고 있다. 작은 길을 따라 들어가니 바다가 눈에 보인다. 큰 십자가가 건물에 이름표처럼 선명하다. 애양원이다. 고 관절과 무릎, 피부과로 유명하다. 과거에는 한센병을 전문으로 치료했다. 지금은 완치할 수 있는 병. 안내를 받으며 2층 예배당으로 올랐다. 기도한 후 무대에 오를 사람의 노래와 시 낭송, 하모니카 연주 총연습이 있다. 응원하러 온 우리는 병원 밖으로 나왔다.

바람은 차갑게 볼을 스친다. 한센인의 한숨과 눈물이 서린 곳, 처절했던 그들의 삶을 돌보며 치료했던 선교사의 조건 없는 사랑이 잠든 곳이다. 볼 비비며 봄을 기다리는 옷 벗은 나무가 있다. 곁에는 마른 바위가 턱을 고이고 있다. 토플 하우스 한센인 신학교가 보이고 환자의 병동은 개조해 만든 숙박 시설이 있다. 보랏빛 등나무꽃이 늘어질 때 찾아오리라 다짐한다.

순교한 손양원 목사님의 삶을 새겨둔 교회를 지나 지난날 애양원으로 사용하던 건물을 찾았다. 지금은 역사박물관으로 재탄생한 모습을 보기 위해서다. 외부공사를 하고 있다. 실내는 유물을 전시하고 있다. 둘러보는 내내 시들어 파리한 마음 서럽고 아린다. 보잘것없는 인생이 부끄럽게 살아온 아쉬운 손짓이다.

눈썹에 아롱지는 눈물, 실비단 하늘을 보며 목놓아 울고 싶다. 피를 토해 토한 피 도로 삼키며 울어대는 두견새. 가슴 찢는 소리 한 맺힌 흐느낌이 들린다. 황량한 들판 너머 두려움에 더욱 외로웠던 밤, 바람에 스친 찬별이 보인다. 바늘 끝 같은 삶을 붙잡고 몸짓으로 서로 기대며 살았던 하루하루.

"하나님! 손도 발도 눈까지 가져가시면 저는 어떻게 살란 말입니까?" 너에게는 먹고 말할 수 있는 입이 있다. 듣는 귀가 있으며 냄새 맡을 코가 있으니 그걸로 족하지 않으냐. 해설사의 음성을 듣는 순간 가슴이 저며오나 싶더니 흐르는 눈물을 연신 눈썹으로 자른다. 고독과 가난은 천생인 것을 어찌 이들의 서러운 삶과 비교하랴.

1905년 목포에서 선교하던 포싸이트 선교사가 있었다. 광주의 동료가 위독하다는 연락을 받아 말을 타고 광주로 향했다. 그는 길가에 쓰러진 여인을 발견한다. 누더기에 손발이 짓무르고 온몸이 고름투성이다. 걸친 옷은 상처와 피로 얼룩져있는 한센병 환자다. 그녀를 안아 말에 태우고 자신은 걸어서 광주에 도착한다. 동료 선교사는 이미 숨이 멎어 있었다.

여인을 치료해주고 살 곳을 마련해주려 했다. 방법이 없어 벽돌 굽던 가마터에 그녀를 살게 하고 목포로 떠난다. 이 소식이 퍼져 많은 환자가 광주로 모여든다. 선교사는 광주에 최초로 한센 병원을 세웠다. 괴한에게 귀가 잘리는 봉변을 당하고 풍토병에 걸려 활동이 어려워지자 미국으로 돌아간다.

그곳에서도 한센병을 알리고 그들을 돕는 모금을 위해 호소하다 병이 깊어져 1918년 세상을 떠난다. 그는 어찌하여 청춘과 생명까지 버려야 했는가. 피 흘리며 걷는 자갈길, 누더기 입은 문둥이가 운다. 하늬바람 울타리 넘는 달밤에 소리 없이 죽어가던 문둥이는 그렇게 울었다.

이 병원은 총독부 퇴거 명령에 따라 600여 명의 환우가 지금의 애양병원 자리로 눈물의 이주를 시작한다. 목공과 석공을 배운 사람이 먼저 와서 병원과 교회, 집을 지었다. 나머지는 움막촌을 형성하였다. 돌을 던지고 침을 뱉는 같은 인간의 눈동자 뒤로 숨었다. 하늘이 내린

벌을 받았다고 가슴에 새기며.

햇빛에 몸을 감추며 몇 날 몇 밤을 사람의 눈을 피해 달 따라 걸었다. 아무도 모르게 지는 새벽 지친 별. 그렇게 도착한 곳이 내가 서 있는 곳이다. 이주할 때 선교사의 무거운 비석을 어깨에 메고 보름 동안 밤길을 걸었다니. 진심으로 선교사님을 사랑했던 마음이 느껴진다. 강제로 단종과 낙태 시술을 당하면서 남자와 여자로 철저히 분류되어 산다.

썩어 문드러진 마디마디, 눈물은 타고 남은 간을 타고 내렸다. 찬란한 떼별이 흩어지는 소리를 들었다. 날마다 외롭다가 떠나간 사람들. 베개에 차디찬 눈물은 젖고. 바윗돌 바스라지 듯 무심한 세월은 갔다. 슬픈 사연과 서러운 언어를 묻어둔 채.

눈물 모양의 당신 무덤 앞에 서 있는 나.

2025. 2.

글무렵 **이귀자** 수필집

웃음과 울음은 같은 성씨일까

인쇄 2025년 5월 4일
발행 2025년 5월 9일

지은이 이귀자
발행인 서정환
펴낸곳 수필과비평사
주소 서울시 종로구 삼일대로 32길 36(익선동 30-6 운현신화타워 빌딩) 305호
전화 (02) 3675-3885, (063) 275-4000 · 0484
팩스 (063) 274-3131
이메일 sina321@hanmail.net essay321@hanmail.net
출판등록 제300-2013-133호
인쇄 · 제본 신아출판사

ISBN 979-11-5933-572-3 03810

값 15,000원

Printed in KOREA